YEDİVEREN

Okuma alışkanlığınız...

YEDİVEREN

Kitap Adı / Sen Yanımda Ol Yeter
Hazırlayan / Alişan Kapaklıkaya
ISBN / 978-605-269-019-2
Tür / Kişisel Gelişim
Yayın Yönetmeni / Gökhan Alperen Bayrak
Yayın Koordinatörü / Gülseren Bayrak
Editör / Büşra Gülbent
Kapak Tasarım / Leyla Çelik
İç Tasarım / Burhan Maden
1. Baskı / Temmuz 2018
35. Baskı / Aralık 2020
Matbaa / Çalış Ofset
Matbaa Sertifika No: 45159
Davutpaşa Cd. Yılanlı Ayazma Sk. No: 8
Davutpaşa Topkapı-İstanbul Tel: 0212 482 1104

Yediveren Yayınları Eğitim Hiz. Tic. Ltd. Şti.
Ticaret Sicil No: 893116 Sertifika No: 29485
Şenlikköy Mahallesi, Şehit Muammer Yüzsüren Sokak
No:17 B Blok D: 2 Florya Bakırköy İSTANBUL
Tel: +90 212 506 13 84 / +90 212 506 13 85 / Fax: +90 212 506 13 86
www.yediveren.com.tr / info@yediveren.com.tr

Sen Yanımda Ol Yeter

ALİŞAN KAPAKLIKAYA

YEDİVEREN

ALİŞAN KAPAKLIKAYA

Annesiyle babası kendisine danışmadan onu dünyaya getirdi. Çocukken oyuncaklarını kendisi yapardı. Bazen çamuru biçimlendirip kurutur, bazen babasının eski ceketinin cebini çıkarır, içini yünle doldurup ağzını dikerek top yapardı. İmkânsızlıklara takılmaz ve koşullar ne olursa olsun yeni bir şey ortaya koyardı.

İlkokulda kuzu gütmeye başladı. Annesi ölen kuzuların içli melemelerini dinlerken insanların, özellikle de çocukların sahipsiz bırakılmamaları gerektiğini öğrendi.

Bütün dünyası, görebildiği kadar gökyüzü, birkaç komşu köy ve ilkokul öğretmeniyle sınırlıydı.

Lise birinci sınıftayken bir kış akşamı kar yağarken öğretmenlerinin, tek odalı evine gelip "Alişan yavrum, seni merak ettik, kar yağıyor da yakacağın var mı, üşüyor musun, diye sormaya geldik?" demeleriyle kendine ve hayata bakışı değişti. Çok sevinmişti çünkü öğretmenleri tarafından ilk defa insan yerine konulduğunu hissetmişti.

Ve öğretmen oldu. 16 yıllık öğretmenliği boyunca eşiyle birlikte bin beş yüz evi ziyaret etti. Öğrencilerinden on iki bin mektup aldı ve hepsini de el yazısıyla cevaplandırdı.

Araştırmalarında derinleştikçe bizim türkülerin yabancıların sazıyla söylenemeyeceğini anladı. Öğrendiklerini önce kendi hayatına uyguladı. Etkili olduğunu anlayınca yazmaya başladı.

Şu anda güzel ülkemizin her köşesini dolaşıp uyanmış güzellerin sayısını artırmak için çalışmalar yapıyor. Bugüne kadar 80 il, 550 ilçe ve 16 ülkeye giderek seminer ve konferanslar yaptı.

Kuzu çobanlığından başlayan, evrensel bir eğitmen olma yolunda gelişen hikâyesiyle, okuyucularını kahkahalar ve hıçkırıklar arasında götürüp getiriyor.

Yüreğine **"merhaba"** diyemediğin bir insanın beynine **"merhaba"** diyemezsin düşüncesiyle yaşıyor.

Eğer izin verirsen

önce gözlerine dokunmak,

sonra da

yüreğine misafir olmak

istiyorum.

Alişan Kapaklıkaya

Buraya kadar neler olmuştu:
MİNİK BİR ÖZET

Annemle babam bana danışmadan beni dünyaya getirmişler. "VAR"ın yok olduğu, "YOK"un da çok olduğu bir zamanda doğmuşum. Kızgınlık ve öfkenin rahatlıkla ifade edilebildiği, birisine özellikle de kadın ve çocuklara bağırmanın normal karşılandığı, buna karşın sevgi göstermenin zor olduğu, hatta cesaret istediği, özellikle çocuklara sarılıp onları kucaklamanın ayıp sayıldığı, "Seni seviyorum yavrum" demenin cesaret sayıldığı bir çocukluk dönemi yaşadım.

Çocukluğumda sosyal ve insan ilişkilerinde Allah'ın emirlerinden çok "El âlem ne der?" diye hiç anlam veremediğim bir gücün hâkim olduğu, çevremdeki cahil ama otoriter insanların söz ve yönlendirmelerinin emir gibi kabul edildiği, gelenek ve göreneklerin kale gibi etrafını çevirdiği bir atmosfer vardı köyümüzün üzerinde.

Komşuların söylediğine göre çalışmak için tarlaya gidip akşama kadar orada kalan annemin yokluğuna ağlarmışım. Sevgi eksikliğinden midir bilmiyorum dört yaşına kadar konuşamayınca bizimkileri almış bir telaş... Beni konuşturmak için çok çaba harcamışlar, hatta doktora götürmeye bile kalkmışlar.

Dilim çözülüp de konuşmaya başladıktan sonra sürekli sorular sorduğumu hatırlıyorum: "Allah nerede oturuyor, nerede yemek yiyor, yağmurda ıslanıyor mu, soğukta üşüyor mu, bizimle neden görüşüp konuşmuyor, ben dünyaya nasıl geldim, kardeşim annemin karnına nasıl girdi, imam ezanı niye anlamadığımız bir dilde okuyor, radyonun içinden sesi gelen insanlar oraya nasıl girdi?"

Sessizliğimden korkup konuşayım diye beni doktora götürmeye kalkan annemle babam, ben konuşup da sorular sormaya başladıktan sonra sorduğum sorulara cevap veremeyince susayım diye uğraşıyorlardı. En çok duyduğum sözler şunlardı: "Bir sus oğlum, ne çok konuşuyorsun, bu sorular nereden aklına geliyor böyle? Offf bıktım ya şu sorularından, zaten çok yorgunum, bir de seninle mi uğraşacağım..."

Ne bileyim bunların aklıma nereden geldiğini. Geliyordu işte...

Babam Allah'la ilgili soruları camiye gidip köyün imamına sorabileceğimi söyledi. Gittim. İmam, dua ezberlemedi diye bir arkadaşımı dövdü, bir başkasının kafasını ısırdı, yine bir başka gün hepimizi sıra dayağından geçirdi. Kuş avlayan arkadaşımı, "Allah seni cehenneme atıp fokur fokur kaynayan kazanlarda yakacak" diye korkuttu.

Ben Allah'tan önce imamdan korkup aklıma gelen soruların hiçbirini ona soramaz oldum.

Sonra babam, "Okula başlayınca aklına gelen tüm soruları öğretmene sorarsın" dedi. Öğretmenimize ilk gün adını sordum ve "Geri zekâlı, sen daha benim adımı bilmiyorsun öyle mi?" diye dövdü beni. Önceden okula gelmek için can atan ve okulun açılmasını dört gözle bekleyen ben, şimdi okuldan kaçmanın planlarını yapıyordum.

Öğretmenimiz, bir gün Suna adlı bir arkadaşımı tahtaya kaldırdı ve ödevini yapmadığı için onu çok dövdü. Suna korkudan altına kaçırdı. İki kız koluna girip onu evine götürürken çiçekli donundan akan çişin izleri damla damla kaldı arkasında...

Suna bir daha okula gelmedi.

Ben, hemen hemen her gün yatağımı ıslattığım için adım sidikliye çıkmıştı. Hele amcamın kızı Aynur sık

sık "Sidikli, sümsük, salak!" gibi lakaplar takarak benimle dalga geçerdi.

Bir gün babama dedim ki, "Bana muhtar amcanın oğlunun giydiği pantolondan alır mısın?" Alamadı çünkü söylediğine göre paramız yokmuş. Annemin diktiği çiçekli kız donu ve güllü fistan giydim çocukluğumda.

İlkokul üçüncü sınıfa giderken babam bana rüyalarımı süsleyen pantolonu aldı, yanında da bir lastik ayakkabı. Altı yaşındaki kardeşim Rafet pantolonumu bir kere giymek için tam dört gün yalvardı. Daha yeni giydiğim pantolonumu ve gıcır gıcır ayakkabılarımı toz etmesin diye vermedim. Pantolonumu ona giydirmeyi kabul ettiğim beşinci gün kardeşim traktörün altından kaldı ve öldü.

O zamanlar, yaşayan insanlardan esirgenen sevgi, ölmüş olanlara cömertçe ifade ediliyordu. Kardeşim sağken ayıp olur diye onu başkasının yanında bir kere bile kucaklamayan babam, onun ölüsüne sarılıp sıkıca bağrına basıyordu, hem de tüm köylünün önünde.

İlkokul üçüncü sınıfta köyümüze melek kalpli bir öğretmenin gelişiyle hayatımın gidişatı değişti. Attığı dayaklarla ve verdiği korkuyla adeta kâbusumuz olan Savaş Öğretmen emekli olmuş onun yerine Melek Öğretmen gelmişti.

Melek Öğretmen bana "parlayan yıldız", Suna'ya da "gönül doktoru" gibi hoşumuza giden ve gönlümüzü okşayan tatlı sözler söyleyince içimizdeki okuma hevesi yeniden şahlandı. O günden sonra tatlı bir öğrenme yarışına girdiğimiz Suna'yla sanki derslere âşık olmuştuk.

Benden bir yaş büyük olan Tahsin'in okumak için şehre gidişi benim içimdeki okuma ateşinin ilk kıvılcımını oluşturmuştu. Melek Öğretmen'in de teşvikiyle ortaokula gitmeye karar verdim. Bu kararıma annemle dedem çok sevinirken babamla babaannem karşı çıkıyorlardı. Neymiş paramız yokmuş, neymiş kuzuları kim güdecekmiş, neymiş köy işlerini kim yapacakmış...

Melek Öğretmen evimize gelip ailemle konuştu, beni ortaokula göndermeleri konusunda onları ikna etmeye çalıştı.

Ben bebekken beni bırakıp tarlaya giden annem, ilkokula başladığım sıralarda hastalandığı için beni bırakıp tedavi olmak için Ankara'ya gidiyordu. Önceden tarlaya giden annemin arkasından ağlayan ben şimdi de annemi götüren minibüsün arkasından ağlıyordum. Sonra köyün dışına çıkıp aynı minibüsün annemi geri getirmesi için heyecanla bekliyordum. Gelen minibüsteki en son yolcu da indikten sonra annemi göremeyince hayal kırıklığına uğruyor ve ağlaya ağlaya eve dönüyordum.

Babam bana istediğim oyuncakları alamayınca oyuncaklarımı kendim yaptım. Telden tekerlek, çamurdan heykel, kabaktan araba ve tenekeden çeşit çeşit araç gereç yapınca adım "icatçı çocuk"a çıktı. Bana yakıştırılan bu ismi çok sevdim, çünkü kimsenin aklına gelmeyen soruları sormak, kimsenin düşünemediği işler yapmak ve ezberleri bozmak hoşuma gidiyordu.

Bir gün babamın şehirden getirdiği bir gazeteyi okuyunca, bizim köyümüzün dışında daha değişik ve ilginç bir dünya olduğunu fark ettim. Bu da benim okuma hevesimi kamçıladı. Ortaokula gitme konusunda daha ısrarcı ve kararlı olmaya başladım. Her akşam sofraya oturduğumuzda okula gitme konusunu açıyor ve babamın "Tamam, seni ortaokula göndereceğim" demesini büyük bir heyecanla bekliyordum ama o, bir türlü tamam demiyordu.

Babamın, çoğaltıp kâr elde etmek ve bununla da beni okutmak için satın aldığı koyunlardan bir kısmı hastalanıp ölünce korkmaya başladım. Ya babam beni göndermezse diye endişeleniyordum.

Yine sofraya oturduğumuz bir akşam babam "Bu yıl yağış çok, inşallah tarlalar çok verim yapıp da ürün bol olursa seni okuturum" dediğinde sevinçten uyuyamamıştım o gece. Sonra ne oldu biliyor musun? Ekinlerin biçilmesine birkaç gün kala şiddetli bir dolu yağdı ve fındık büyüklüğündeki dolu ekini yerle bir etti. Hayallerimin bir kere daha yıkıldığı o günün gecesinde bu defa da üzüntüden uyuyamamıştım.

"Sümsük, sidikli, salak!" diye benimle alay eden Aynur'a inat okula gitmeli ve ona gününü göstermeliydim.

Yaşanan olumsuzluklara rağmen hayallerimi canlı tutmak için daha on iki yaşındayken çalışmaya başladım. Ambarlara tahıl taşıdım, saman yükledim, pancar çapaladım, inşaatlara taş ve çamur taşıdım. Az da olsa para biriktirdim.

Okulların açılmasına bir gün kala babamla beraber hayallerimi süsleyen ortaokulun bulunduğu Sivrihisar'a doğru yola çıkacaktık.

Sonra ne mi oldu?

Haydi, gel bu yolculuğa beraber devam edelim…

ÖĞRENCİ UĞURLAMA DUASI

Bizim köyde o güne kadar okuyan pek yoktu. Birkaç kişi çocuklarını okutmak için mücadele etmişti, ancak onlar yol yordam bilmediği, çocuklar da önlerinde örnek alacak biri olmadığı için bir sonuç alamamışlardı.

Muhtar olan İbrahim amcamın oğlu Tahsin'in sınıfta kalması köydeki çocukların okumayla ilgili heveslerini kırdı. Bazılarının kafasında, "Koskoca muhtarın oğlu okumazsa biz nasıl okuyacağız ki?" gibi olumsuz bir düşünce oluştu.

Sonunda eylül ayı geldi ve okulların açılacağı, hayallerimi süsleyen o harika gün yaklaştı. Ortaokula başlamama sayılı günler vardı.

O güne kadar karşıma çıkan bütün engelleri aşmıştım. Pes etmek, hayalimden vazgeçmek, ben başaramam diye küsüp bir kenara çekilmek aklıma bile gelmiyordu. Melek Öğretmen'in içimde tutuşturduğu başarı ateşi sönmüyor, aksine alevlenerek daha da büyüyor ve kocaman yangınlara dönüşüyordu. Bu yolda öyle bir hareketlenmiş ve hızlanmıştım ki sanki frenlerim tutmuyordu.

Pazartesi günü okullar başlıyordu ama ben daha hangi okula yazılacağımı ve nerede kalacağımı bile bilmiyordum.

O akşam köydeki evimizde kalacağım son geceydi. Annem akşam için güzel yemekler yaptı. Yemekten sonra komşular hem sevincimi hem de ailemin ayrılık hüznünü paylaşmak için bizde toplandı. Ev çok kalabalıktı. Herkes kendince bana akıl veriyor ve şehirde bana kolaylık sağlayacak öğütlerde bulunuyordu. Geç saatlerde herkes gitti. Giderken "Sabah seni uğurlamaya geliriz" diyerek ayrıldılar.

Yatağa uzandım. Bir sağa, bir sola dönüyordum ama çok yorgun olmama rağmen bir türlü uykum gelmiyordu.

Acaba Sivrihisar nasıl bir yerdi, nerede kalacaktım, alacağımız elbise ve çoktandır istediğim iskarpin ayakkabılar nasıl olacaktı? Okulda dersler zor muydu, neler öğrenecektim, öğretmenler, Savaş Öğretmen gibi miydi yoksa Melek Öğretmen gibi mi? İlk defa göreceğim çocuklarla anlaşabilecek miydim, acaba okul bitince ben ne çıkacaktım, her gün lokantada değişik yemekler yiyebilecek miydim?

Sabah erkenden uyandım. Heyecandan mı, yorgunluktan mı bilmiyorum o gece yine yatağı ıslatmıştım. Utana sıkıla kalktım yerimden. Annem "Oğlum, senin bu durumun nasıl olacak yavrum, elin gurbetinde de böyle olursa zorda kalırsın" dedi.

Annem, altımı ıslattığım için ilk defa o sabah bana kızmadı.

Beni uğurlamak için gelenler kahvaltı sırasında avluda toplanmaya başladı.

Kimler yoktu ki... Dedem, İsmail Hoca, anneannem, Cüneyt ağabey, Necmi ağabey, Harun ağabey, Cemil, Aynur, Dudu yengem, Kel Arif ve daha birçok komşu...

Sırayla herkesin elini öptüm. Dedeme sarıldım. "Bana bugünleri gösteren Allah'a şükürler olsun" derken ağlıyordu. Benden gizlemeye çalıştığı gözyaşları yumuşak yanaklarından süzülüp bembeyaz sakallarının arasında kayboluyordu. Aynur'la tokalaşırken göz göze geldik. İlk defa duygulu ve mahzun bakıyordu.

İsmail Hoca, gür sesiyle "Durun bir dua edelim" dedi. O kalabalıkta birbirine karışan teselli, nasihat ve hıçkırık sesleri bir anda kesildi. "Amiin" diyerek başlayıp yürekten ettiği dua herkesi çok duygulandırdı.

Yağmur duası, gelin duası, cenaze duası, sofra duası, asker uğurlama duası görmüştüm ama öğrenci uğurlama duasını ilk defa görüyordum.

Beni uğurlamaya gelen herkesle tek tek vedalaştıktan sonra babam traktöre bindi. Ben de traktörün arabasına bindim ve babamın arpanın üstüne yaydığı kepeneğin üzerine oturdum. Traktör hareket ettiğinde onca akraba, komşu ve köylümüz arkamdan el sallıyordu.

HAYALLERİME DOĞRU

Köyümüzle Sivrihisar arasındaki kırk beş kilometrelik yol bitmek bilmiyordu. 17 kilometre olan köy yolunu gittikten sonra Ankara-İzmir asfaltı olarak bilinen yola çıktık. Vay be, asfalt yol kaymak gibiydi ve traktörle römork hiç zıplamıyordu.

Yoldaki araçların çeşitliliğini görünce hayretten ağzım açık kaldı. Neredeyse elli kişinin sığdığı kocaman otobüsler, değişik modeldeki kocaman kamyonlar, yanımızdan kuş gibi uçup giden otomobiller. En yavaş giden araç bizim traktördü.

Yaklaşık iki saat süren bir yolculuktan sonra ilçemize yaklaştık. Heyecanım gittikçe artıyordu. O da ne? Yoldaki bir trafik polisi el kaldırıp babamı durdurdu. Babam biraz tedirgindi, neden tedirgin olduğunu trafik polisiyle konuşmasından sonra anladım. Polis, duran traktöre yaklaştı. Önce römorkun içine bir göz attı. Bana dikkatle baktı, bir şey demeden babama seslendi:

— Ehliyet-ruhsat...

— Şey, ehliyeti ve ruhsatı evde unuttum.

— Evde mi unuttun?

— Evet, çocuğu okula yazdıracağım da, onun telaşıyla unutmuşum.

— Ehliyet ve ruhsat olmadan yola devam edemezsin.

Bu sözü duyunca sanki kafama bir balyoz indi.

— Memur bey, bunca yolu geldik, şurada kaldı iki kilometre.

— Bu vaziyette gitmene izin veremem.

— Tamam, hatamın farkındayım, evrakları yanıma almam lazımdı ama oldu bir kere. Bırak da gideyim.

— Mümkün değil beyefendi, gidemezsin. Allah korusun bir kaza yapsan, ehliyet yok, ruhsat yok, başına nelerin geleceğini biliyor musun?

— Buraya kadar sağ salim geldik, bundan sonra da bir şey olmaz.

— Ya olursa? Ben, seni ve çocuğunu düşünüyorum.

— Eee, ne yapacağım ben şimdi, geri mi döneceğim?

— Hayır, geri dönmene de izin veremem.

— Ne yapacağız, burada mı kalacağız?

— Traktör burada dursun, sen yürüyerek şehre gidebilirsin.

— Memur bey, ben bu arpayı satıp çocuğu ortaokula yazdıracağım. Ne olur bana yardımcı olun.

Babamın bu sözü üzerine polis bana baktı. O an içimde büyük bir endişe vardı. Ya bırakmazsa ben ne yapacağım, okula yazılmadan köye geri mi döneceğim? Eyvah, ben o zaman Aynur'a ne derim, benimle daha çok dalga geçer.

Şimdi ben buraya gelene kadar çok çalıştım, çabaladım, karşıma çıkan bütün engelleri aştım. Hayal ettiğim ortaokula iki kilometre kala geri mi döneceğim? Allah'ım ne olur bana yardım et.

— Ben şimdi ya sana ceza yazacağım, ya da şehirde ehliyeti olan bir tanıdığın varsa git onu getir. Ancak bu şekilde gitmene izin vereceğim.

— Ceza mı?

— Evet, hem ehliyetsiz, hem de ruhsatsız araç kullanma cezası.

Canım babam ceza kelimesini duyunca nasıl da panik oldu.

O an zihnim birdenbire sanki tüm olumsuz duyguların saldırısına uğradı. Polis izin vermediği için köye dönmüşüz. Akşam Aynurlar bize oturmaya gelmişler. Aynur yanıma yaklaşıp, "Ne o lan sidikli, işeyip şehri kokutursun diye seni okula almadılar mı?" diye alaylı alaylı soruyor. Ben başımı kaldırıp kimsenin yüzüne bakamıyorum. Annem üzülüyor, dedem üzülüyor ve ben utancımdan kimsenin yüzüne bakamıyorum.

Güçlü bir korna sesiyle sıçrayıp sıyrıldım yaşamayı hiç istemediğim bu durumdan.

Gelen bizim köyün minibüsüydü. Babamın polisle konuştuğunu gören köylülerin bazıları inip yanımıza geldiler. Babam durumu anlatınca ehliyeti olan Doğan ağabey, polise ehliyetini göstererek "Ben kullanabilirim" dedi.

Doğan ağabey traktöre binip hareket ettiğimizde içimden derin bir oh çektim.

Toprak Mahsulleri Ofisi'ne vardığımızda bir görevli arabanın üzerine çıktı. Elindeki bastona benzeyen yaklaşık bir metre uzunluğundaki aleti arpanın içine sapladı. Bir sağa bir sola çevirdikten sonra onu çıkardı ve içindeki arpayı bir tepsiye boşalttı. Sonra tepsiyi biraz salladı ve içine baktı. Babama döndü. Ağzından çıkan cümle babamı şaşkına çevirdi:

— Ağabey bu arpayı alamayız.

— Neden? Bu arpa bitlenmiş.

— Bitlenmiş mi?

— Evet, baksana şu bitlere, görüyor musun, ne kadar çoklar.

— ...

— Ağabey herhalde sen ekini daha yeşilken biçmişsin. O da beklediği yerde ısınıp bitlenmiş.

Görevli tepsideki arpayı tekrar bizim arabaya dökerken babam bana baktı. Neredeyse nefesim duracaktı.

— Şimdi ne olacak baba?

— Ne olacak, köye döneceğiz.

— Köye mi, ya okul?

— Görüyorsun işte oğlum arpayı almıyorlar, ben başka nereden bulacağım parayı da seni okutacağım?

Ağlamaya başladım. Gözyaşlarım yanaklarımdan aşağı süzülürken babam derin bir off çekti.

— Sus ağlama sus, buluruz bir çaresini.

O sırada yanımızdan tanımadığımız biri geçiyordu. Babamı öyle üzgün görünce sordu:

— Almadılar mı?

— Almadılar.

— Niye?

— Arpa bitlenmiş.

— Şu zahireci ofisin almadığı arpaları yem fabrikaları alıyor. Gerçi biraz ucuza alıyor ama yine de sen bilirsin. İstersen bir de ona göster.

Adamın bu sözleri, az önce içimde sönmeye başlayan heyecanımı yeniden yükseltti. Babam traktöre binip zahirecinin bulunduğu yöne doğru sürmeye başladı.

Okulların açıldığı o pazartesi günü bizim için büyük bir koşuşturmayla geçiyordu. Öğrenciler okula gidiyorlardı, bense okula gidip gidemeyeceğimi, gidersem bunun hangi okul olacağını bile bilmiyordum. Belirsizlik insanın kafasını ne kadar da çok karıştırıyordu.

Biz zahirecideyken öğlen paydosu olmuş ve öğrencilerin bir kısmı pırıl pırıl giyim kuşamları ve çantalarıyla öğle yemeği için evlerine gidiyorlardı. Aradan bir saat geçtikten sonra aynı öğrenciler karnını doyurmuş olarak tekrar okula dönüyorlardı. Biz hâlâ zahirecideydik ve ben durumun ne olacağını henüz bilmiyordum. Üstelik ne yeni ayakkabım vardı, ne pantolonum, ne önlüğüm ne de yeni bir çantam.

"Vakit geçiyor, haydi önce seni okula yazdıralım" dedi babam.

Ahhh, birdenbire nasıl da heyecanlandım. Hayallerimi süsleyen, rüyalarıma giren ve uykularımı kaçıran ortaokula sonunda yazılacaktım. Bacağımda yamalı pantolon, sırtımda kareli bir gömlek ve ayağımda ucu yırtılmış lastik bir ayakkabıyla babama baktım.

— Önce kıyafetleri alıp sonra yazılsak olur mu baba?

— Olmaz oğlum, geç kalıyoruz, okul kapanacak.

KAYITLAR BİTTİ

Bahçesine girdiğimiz binanın giriş kapısındaki tabelanın üzerinde ATATÜRK ORTAOKULU yazıyordu. Kapıdaki nöbetçi öğrenci bizi müdür yardımcısının odasına götürdü. Müdür yardımcısı önündeki evraklarla birkaç dakika uğraştıktan sonra kafasını kaldırıp bize baktı.

— Merhaba hocam, oğlumu yazdıracaktım.

Müdür yardımcısı önce babama, sonra bana baktı:

— Ağabey kayıtlar bitti.

— Bitti mi? Ama bugün daha okulun ilk günü değil mi?

— Evet, öyle ama kayıtlar okul açılmadan önce tamamlanıyor.

Başımdan aşağı kaynar sular döküldü. Köyden gelen pısırık biri olduğum için büyüklerin, hele de bir ortaokul müdür yardımcısının yanında ağzımı açamıyordum.

— Eee ne yapacağız şimdi, diye sordu babam.

— Sınıflarda hiç yer yok ağabey, yer olsa yine kaydını alırdım ama bu durumda elimden bir şey gelmez.

— Tüh, geç kaldık, çocuk da çok istiyordu okumayı.

Müdür yardımcısı bana dönüp eliyle işaret etti:

— Gelsene buraya.

Yaklaştım, heyecandan bacaklarım birbirine dolaşıyordu.

— Senin adın ne?

— Alişan Kapaklıkaya.

— Hangi köyden geliyorsun?

— Sığırcık'tan.

— Yavrum niye çok heyecanlısın, bak bacakların titriyor.

— ...

— Okumayı çok mu istiyorsun?

— Hee.

Babam araya girdi:

— Oğlum burası şehir, hee yerine evet diyeceksin.

— Sen ne olmak istiyorsun?

— Bilmiyorum ama okumayı çok istiyorum.

— Üzüldüm Alişan, çok akıllı ve hevesli bir çocuğa benziyorsun, keşke seni okula alabilseydim.

— Alın öğretmenim.

— Yer yok yer.

— Babam bana bir sandalye alsa olur mu?

Güldü müdür yardımcısı.

— Keşke olsa. Bak sana başka bir şey diyeyim. Yukarı mahallede Cumhuriyet Ortaokulu var, orayı biliyor musun?

— Yoo.

— Ağabey bir de oraya gidin belki yer vardır.

Çaresiz, üzgün ve endişeli bir şekilde ayrıldık oradan. Kapıdan çıkarken teneffüs zili çaldı. Öğrenciler büyük bir koşturmaca içerisinde dışarı çıktılar. Pantolon ve ceketleri ütülü, ayakkabıları boyalıydı.

Yamalı pantolonum, yırtık lastik ayakkabım ve eskimiş kareli gömleğimle aralarından geçerken çok utandım.

Cumhuriyet Ortaokulu'na gittiğimizde babam nöbetçi öğrenciye müdürle görüşmek istediğini söyledi. Müdür, sevimli ve güler yüzlü bir adamdı. Babam durumumu anlattığında orada da yer olmadığını öğrendik. Onlar kendi aralarında sohbet ederlerken ben kaygılıydım. İlçemizde iki tane ortaokul vardı ve ikisinde de yer yoktu. Müdür, babama, "Eğer imkânın varsa oğlunu okutmak için Eskişehir'e götür" dedi. Babam gülümsedi. Beni okutmak için bir araba bitli arpadan başka geliri olmayan babam beni Eskişehir'de nasıl okutabilecekti ki...

Müdürün odasından ayrılırken bacaklarımın tutmadığını fark ettim, sanki felç olmuştum. Adım atmakta zorlanıyordum. Dışarı çıktığımızda ağlamamak için dişlerimi sıktım. Babam ne kadar çok üzüldüğümü fark etti.

Umutsuz ve çaresizce yüzüne baktım:

— Ben okumak istiyorum.

— Biliyorum oğlum, ama görüyorsun elimden bir şey gelmiyor.

— Melek Öğretmen'e söylesek belki o beni yazdırır.

— Nasıl yazdırsın, yer yokmuş.

— Belki tanıdığı bir öğretmen arkadaşı vardır.

— Allah kerim, bakalım, inşallah bir yer açılır. Haydi, gel çarşıdaki parka gidip biraz oturalım. Ben çok yoruldum, bir çay içeriz.

Babam kendisine bir çay istedi, bana da bir sade gazoz. Gazozu çok sevdiğimi biliyordu. Elini cebine atıp beş lira uzattı bana:

— Haydi, git şu bakkaldan gofret al, çayla gazozla iyi gider.

Bakkala bir girdim ki ne göreyim. Aman Allah'ım, bizim köydeki bakkaldan on kat daha büyük. Her şeyden çeşit çeşit var, aklına gelen gelmeyen.

Biz çay-gazoz ve gofretle kendimize ziyafet çekerken öğrenciler grup grup parkın yanından geçmeye başladılar. Belli ki okuldan çıkmışlardı. Onlara hayran hayran baktığımı gören babam:

— Haydi kalk, mağazaya gidip sana üst baş alalım.

— Ben üst baş istemiyorum, okula gitmek istiyorum.

— Oğlum kendin de gördün, yer yok işte.

Sustum. Yüreğimdeki okuma hevesini, içimdeki okula gitmek istiyorum çığlıklarını bastırdım. O sırada ikindi ezanı okundu.

— Sen burada otur ben ikindiyi kılıp da geleyim.

— Ben de geleceğim.

— Sen de mi namaz kılacaksın?

— Hee.

— O zaman haydi kalk Ulu Cami'ye gidelim.

Şadırvandan abdest alıp camiye girdik. Aman Allah'ım bizim köydeki camiden en az yirmi kat daha büyük, her taraf kalın kalın direklerle dolu. Sonradan öğrendiğime göre Selçuklular zamanından kalmış bir eser. İlçenin bütün insanları bu camiye sığıyordur diye düşündüm kendi kendime.

Namazdan sonra imam dua için "Âmin" deyip ellerini kaldırdı. Herkes sessiz bir biçimde dua ediyordu.

Ben de açtım ellerimi:

"Allah'ım seni ne kadar çok sevdiğimi biliyorsun. Ben de senin beni sevdiğini biliyorum çünkü sen bundan önceki dualarımı kabul edip istediklerimi verdin. Senden annemi iyileştirmeni istedim, iyileştirdin, Melek Öğretmen'imi bize geri göndermeni istedim, gönderdin. Sana ne kadar şükretsem azdır. Ben de sana verdiğim sözü tuttum yarabbi. Demiştim ya, ortaokula gideceğim, seni daha yakından tanımak için çok çalışacağım, okuyup aklımı geliştireceğim.

Yarabbi senin istediğin gibi yaşamak istiyorum. İnsanlara faydalı olmak, çevreme iyilik yapmak, çalışkan bir öğrenci olmak istiyorum. Bunun için ortaokula geldim, ama kayıtlar bitmiş, yer yokmuş. Allah'ım ne olursun yolumu aç, karşıma çıkan zorlukları aşmam için bana güç ver. Beni buradan köye geri çevirme. Sana yalvarıyorum başımı öne eğdirme, Aynur'un gözünde beni küçük düşürme. Annemin, dedemin, Melek Öğretmen'imin umutlarını boşa çıkarma. Beni senden uzaklaştırma. El âlemin ne dediğinden çok senin ne dediğini öğrenmek ve yasaklarından kaçıp emirlerine uymak istiyorum.

Allah'ım sen yanımda ol yeter, şu minicik yüreğimde en çok senin yerin var."

Duadan sonra imam, cemaate kısa bir konuşma yapmak istediğini söyleyince kimse yerinden kalkmadı:

MUCİZE GİBİ

"Aziz cemaat, biliyorsunuz bugün okullar açıldı. Milletimize hayırlı uğurlu olsun, Allah çocuklarımıza zihin açıklığı versin, en güzel başarıları nasip etsin inşallah.

Belki bazılarınızın haberi vardır, çoktandır Sivrihisar'ımıza bir İmam Hatip Okulu açılması için çok çaba gösterdik. Bakanlığa gittik. Devlet işleri biraz yavaş ilerliyor. Uzun yazışmalardan sonra hamdolsun ki İmam-Hatip Ortaokulu'nu açmak için bu sabah izin çıktı. Ancak geçen cuma günü ortaokul kayıtları bittiği için ne kadar öğrenci geleceğini bilmiyoruz.

Sizden ricamız, çevrenizde ya da köylerde okula gidebilecek durumda olan çocuklara haber vermeniz. İzin bugün çıktığı için kayıtlar bir hafta daha devam edebilecek. Çocuklarımızın manevi değerlerini, dinini, diyanetini daha doğru öğrenmesi için bu okulun açılmasını çoktandır bekliyorduk."

İmamın konuşması bana rüya gibi geliyordu. Kulaklarıma inanamıyordum. Sanki ölmüşüm, cennete gitmişim ve Allah benim için okul açıyordu.

İmam konuşmasına devam etti:

"Okulun binası dikildi ama daha birçok eksiği var. Bunun için yardımlarınızı bekliyoruz. Allah yardımlarınızı kabul etsin. Vereceğiniz desteğin sevabını fazlasıyla versin inşallah."

Babamla göz göze geldik. Benim gibi babamın da gözleri ışıl ışıldı. İmama sordu:

— Hocam bu saatte okul açık mıdır, orada kimse var mıdır şimdi?

— Açıktır ağabey açıktır, arkadaşlar geç saatlere kadar inşaatın başında duruyorlar.

Babam elimi tuttu:

— Ben sana demedim mi Allah kerim diye? Bak yeni bir okul açılıyormuş. Haydi, hemen gidelim de kaydını yaptıralım.

Minik kalbim sanki göğsümden çıkacak hatta ağzımdan fırlayıp benden önce okula gidecek gibi gümbür gümbür atmaya başladı.

Ulu Cami ile İmam-Hatip Ortaokulu arasındaki yolu nasıl gittiğimi tahmin edebiliyor musun?

Sanki yürümedim de uçtum. Cumhuriyet Ortaokulu'ndan ayrıldığımızda babam önde yürüyordu, ben arkasından geliyordum, İmam-Hatip Ortaokulu'na giderken de tam tersi, ben önde yürüyordum, babam arkamdan geliyordu.

Okulu görmemle bir kez daha hayal kırıklığı yaşamam bir oldu. Binanın okula benzer bir tarafı yoktu. İnşaattan arda kalan yığınların arasında tek katlı bir ev gibi duruyordu. Dış boyası yeni olan binanın içine girdiğimizde badana-boyası devam ediyordu. Ortada gözle görünen ne bir sınıf ne bir sandalye ne de bir masa vardı.

— İmam-Hatip Ortaokulu burada mı açılacak, diye sordu babam orada çalışanlardan birine.

— Evet, ağabey burada açılacak.

— Ne zaman?

— Daha on-on beş günlük iş var.

— Çocuklar o zamana kadar ne yapacak?

— Valla bilmiyorum ağabey.

— Çocukların kaydı nereye yapılıyor?

— Çarşıdaki dernekte.

— Hangi dernek?

— Cami yaptırma derneği mi ne, adını tam bilmiyorum.

Babamla tekrar derneğin yolunu tuttuk. Oraya ulaştığımızda bizi yaşlı bir sakallı amca karşıladı.

— İnşaatın bitmesine az kaldı. İnşallah on beş güne biter. Ondan sonra da masa, sıra ve tahta bulmaya çalışacağız.

— Peki, köylerden gelen çocuklar nerede kalacak?

— Orasını bilmiyorum, ya ev tutacaklar ya da pansiyonda kalacaklar. Gerçi pansiyonda da yer kalmamış, ortaokul ve lise öğrencileri doldurmuş orayı. Akrabası olanlar varsa onların yanında kalabilirler.

— Başka bir yer yok yani.

— Otel de var ama orası biraz pahalıya gelir.

— Ben çocuğumu getirmiştim, şimdi ne yapacağız?

— İstersen şimdilik adını yazalım. Okul hazır olunca haber göndeririz. Hangi köydensiniz?

— Sığırcık'tan.

Ortaokula gitme yolunda çaldığımız her kapı yüzümüze bir bir kapanıyor ve içimdeki okuma hevesinin o kocaman ateşi yavaş yavaş sönüyordu, daha doğrusu söndürülüyordu.

Arpanın bitli çıkması, okulların dolu olması, pansiyonda yer kalmaması, barınacak başka bir yer olmaması ve oradan oraya koşturma babamı iyice yormuştu. Bu son konuşmadan sonra canı iyice sıkıldı. Adımı bile yazdırmadan çıktı oradan.

— Şimdi ne yapacağız baba?

— Ne yapacağız ki, köye döneceğiz.

— Köye mi?

— Evet.

— Ya okul?

— Ne okulu lan, okul mu var, yurt mu var?

— Ama ben okumak istiyorum.

— Ben de okumanı istiyorum ama görüyorsun işte…

Çaresiz, hayal kırıklığına uğramış ve umutları sönmüş durumdaydım. Bundan başka ne yapılır bilmiyordum. Babam zahireciye zar zor ucuz bir fiyata satabildiği bitli arpadan aldığı parayla eve biraz sebze-meyve, un, yağ, şeker ve çay aldı.

Benim ne takım elbisede hevesim kalmıştı ne çok istediğim iskarpin ayakkabıda ne de oyuncaklarda.

Traktöre bindik, daha bu sabah ne hayallerle geldiğim Sivrihisar'dan okula yazılamamanın verdiği duygusal yıkımla dönüyordum. Taptaze bir fidan gibi geldiğim ilçemizden, kökten kesildiği için yaprakları solmuş bir ağacın sürüklenişi gibi götürülüyordum köyümüze.

Sabah gelirken büyük bir heyecanla baktığım Sivrihisar Dağları, şimdi hayallerime kavuşma yolculuğunda aşılmaz bir engel olarak duruyorlardı karşımda.

Gözyaşlarımı görmesin diye sırtımı babama döndüm.

Hızlı giden traktörün çıkardığı sesin yanında hıçkırıklarımın varlığı belli bile olmuyordu.

Yorgunluktan, bitkinlikten ve arabanın oluşturduğu sarsıntıdan yanında oturduğum un çuvalına yaslanmış bir şekilde uyuyakalmışım.

HAYAL KIRIKLIĞI

Okulların açıldığı gün bizimle beraber iki aile daha köyden ayrıldı. Tahsin sınıfta kalınca amcam çok üzülmesine rağmen onu okutmaktan vazgeçmedi. Eskişehir'e gidip okul araştırdı, ev tuttu ve Tahsin rahat okuyabilsin diye göçü toplayıp şehre yerleşti.

Suna'nın babası da Eskişehir'de çalıştığı için yolyordam, görgü-görenek öğrenmiş, kızını okutmak için maaşını biriktirip bir gecekondu kiralamış ve ailesini alıp gitmişti. O akşam onlar köye dönmediğine göre demek ki ortaokula yazılmışlardı.

En iyi arkadaşım olan Suna ve çok sevdiğim Tahsin gidince ben hiç anlaşamadığımız Aynur'la kaldım mı baş başa…

Ertesi gün Aynur bizim avluya geldi. O her zamanki iğneli sözleri söyleyeceğini bakışlarından anladım ama yapacak bir şey yoktu:

— Niye geri geldin, okul başlamadı mı?

— Başladı da yer yokmuş, kayıtlar dolmuş.

— Nasıl yani okullarda bir tek senin için yer yok öyle mi?

— Evet öyle.

— Tahsin'le Suna'ya nasıl yer bulunmuş?

— Onlar Eskişehir'e gittiler akıllı.

— Bana bak, yoksa başka bir şey mi var?

— Nasıl bir şey?

— Ne bileyim, anlarsın işte...

— Anlamadım.

— Yoksa yatağa şey ettiğini öğrendiler de seni o yüzden mi okula almadılar?

— Ya git başımdan ya. Çok kötüsün.

— Bence var bir şey. Saklama, bak kimseye söylemem.

— Okumamı kıskanıyorsun değil mi, o yüzden laf sokuşturuyorsun.

— Ne kıskanacağım be, hem senin neyini kıskanacağım ki?

— Sen okula gidemiyorsun ya, benim gidişimi.

— Sanki sen gidebiliyorsun, baksana seni almamışlar bile.

— Tamam, şimdilik yer yok diye almadılar. Yeni bir okul açılıyormuş belki ona alırlar.

— Hı hı, sen bekle.

— Bekliyorum zaten.

— Bekleyen derviş açlıktan gebermiş, babam dediydi.

— Ben biraz bekleyeceğim ama eninde sonunda gideceğim okula görürsün sen.

— Göreceğiz bakalım.

O sırada Aynur'u annesi çağırdı da kurtuldum aşağılayıcı laflarından. Oh şükür, gitti ya…

Benim okula kaydolmadan geri dönüşüm köylülerin diline düşmüş. Gördükleri yerden neden döndüğümü sorup duruyorlardı. Onlara cevap verirken çok utanıyordum ve bir an önce yanlarından kaçmak istiyordum. Kimsenin yüzüne bakamadığım için yaklaşık bir hafta evden dışarı çıkamadım.

Bana karşı pek belli etmeseler de dedemle annem okula gidemeyişime çok üzülüyorlardı. Dedem iki güne bir bize gelip babama okulun açılıp açılmadığını soruyordu. Onun bu çabasını gördükçe eziliyor, büzülüyor ve okulun bir an önce açılması için dua ediyordum.

Bir akşam sofrada otururken sordum:

— Okul açılınca ben nerede kalacağım baba?

— Burada.

— Burada mı?

— Evet.

— Nasıl gideceğim o zaman?

— Gitmeyeceksin ki.

— Gitmeyecek miyim?

Lokmalar boğazıma dizildi, sanki nefes alamadım.

— Evet gitmeyeceksin. Kalacak yer olmayınca okula gitmek de yok. Hem ben sana traktör sürmeyi öğretirim. Birlikte tarlaya gideriz. Ben yorulunca sen nadas yaparsın. İyi bir şoför olursun. Traktörle köylünün işlerini yapar daha çok para kazanırsın. Seneye kardeşin de ilkokulu bitirince daha büyük işler yaparız. Sen yanımda olunca biz de zengin oluruz oğlum. O zaman her istediğinizi alırım.

— Hayır. Ben o traktörü sürmek istemiyorum çünkü o benim kardeşimi öldürdü.

— Oğlum traktörün suçu ne? Sürenin hatasıydı.

— ...

— Bak oğlum bir daha okula gitme konusunu açma. Yeter artık yahu, bıktım, yoruldum. Temcit pilavı gibi ısıtıp ısıtıp önümüze getirme tamam mı?

Babamın sesi yükselince sustum.

YENİ BİR UMUT

Ekim ayının başlarıydı. Arpa ve buğday ekimi başlamıştı. Babam tarlaları nisanda sürmüş, haziranda ikileme ve eylülde üçleme yapmış, ekime hazır hale getirmişti. Tohumu selektörden geçirmiş, gübreyi arabaya yüklemişti. Benden iki yaş küçük olan kardeşim Kahraman, okulda olduğu için ben, annem ve babam gittik ekin ekmeye. Tohum kaliteli, tarla sürülmüş ve önceki hafta yağan yağmurdan sonra ekime hazır, hava şartları da uygun olunca geriye sadece tohumu tarlaya ekmek kalıyordu.

Elime bir avuç buğday aldım. Tertemizdi. Bir tek buğday tanesi yeşerip büyüdüğünde başakta otuz tane oluyordu. Ne kadar kaliteli olursa olsun uygun yere düşmeyen buğday tanesi ya bir kuşun gagaları arasında ya da bir karıncanın ağzında yem oluyordu. Kendisinden otuz tane üretebilecek bir tohumun heba olup gitmesi ne kadar acıydı.

Sonra kendimi düşündüm. Ben de bu buğday tanesi gibiydim. Melek Öğretmen'in sevgi dolu yüreğinde okumaya hazır hale gelmiştim ama yeşereceğim okul yoktu. Şehirdeki öğretmenlerin elleri yerine işte bu tarlaya düşmüştüm. İsmail Hoca'nın anlattığına göre Allah Kur'an'da "Ben insanı mükemmel bir şekilde yarattım" buyurmuş. Ben de insan olduğuma göre beni de öyle yaratmıştır. Beni diğer insanlardan ayırıp hurdaya çıkaracak değildi ya...

Bu gidişle bu tarlaların arasında kaybolacak, çürüyecek ve okul yüzü görmeden ziyan olup gidecektim. "Allah'ım ne olur beni buralarda bırakma, bana müjdeli bir haber yolla, bir işaret gönder yarabbi" diye yüreğimdeki duyguları yine yolladım Allah'a.

Buğday ekim işi bittikten sonra yorgun argın eve döndük. Annem her zamanki gibi patatesli bulgur pilavı pişirdi. Babaannem ayran yaparken ben de kuru soğan doğradım. Yemeğin biraz soğumasını beklerken bir de baktık ki bir at arabasının tekerlek sesi geliyor.

Gülcan teyzemle Celal eniştem gelmişti. Nasıl sevindim bilemezsin. Çok sevdiğim teyzemi ve saygı duyduğum eniştemi görünce günün tüm yorgunluğu gitmiş ve hepimizi büyük bir sevinç kaplamıştı.

Yemekten sonra büyükler kendi arasında sohbet etmeye başladılar. Celal eniştemin sohbetini çok severdim. Kendisi hiç okula gitmemiş Kur'an-ı Kerim'i cami hocasından, okuma-yazmayı da askerdeyken öğrenmişti. Hele babaanneme anlattığı dini hikâyelere bayılırdım. Bir gün kendisine bu kadar çok bilgiyi nerede öğrendiğini sordum. "Takvim yapraklarının arkasını okuyorum" dedi.

Eniştem bir ara bana bakarak babama sordu:

— Bacanak Alişan'ı okutmayı düşünüyor musun?

— Düşünüyorum bacanak. Okul açıldığında yazdırmak için götürdüm ama yer kalmamış.

— Sivrihisar'a İmam-Hatip Okulu açılacakmış, duydun mu?

— Duydum, duydum. Hatta o gün gidip baktık. Daha inşaat halindeydi, ne zaman biteceği belli değil.

— Bu hafta bitiyormuş, haftaya da açılacakmış.

Bu son cümleyi duyunca yerimden zıpladım.

— Haftaya okul açılıyor muymuş enişte?

— Evet.

— Baba beni yazdırırsın değil mi? diye heyecanla sordum babama.

Sustu babam.

— Ben de bizim Kenan'ı okutmak istiyorum ama…

— …

— Aması var işte... Soruşturdum pansiyonda yer yokmuş. Ev tutmaya da gücümüz yetmez.

— Kenan okumak istiyor mu bacanak?

— İstiyor tabi, istiyor da gönderemiyoruz işte.

— Alişan da çok istiyor. Biz de senin gibiyiz, parasızlıktan gönderemiyoruz.

O zamana kadar çocukların okuması konusunda hiç konuşmayan Gülcan teyzem babama baktı:

— Abidin bak aklıma ne geldi. Eğer siz de isterseniz ikimiz bir olup okutalım şu çocukları.

— Nasıl?

— Ortak bir ev tutalım kirasını yarı yarıya verebiliriz. Ben de gidip çocukların yanında dururum, onlara bakarım.

— Arada bir ben de gelirim ama bacım ben senin gibi öyle uzun zaman kalamam.

— Olsun ben dururum. Yeter ki çocuklar okusunlar. Bak bizim köylüler okumadılar, hep cahil kaldılar. Herkes fakir, bir kuru ekmeğe çalışıyorlar. Köyde hayat yok, laf, dedikodu, fitne, fesat, çekememezlik almış başını gitmiş.

— Doğru söylüyorsun baldız, biz okumadık da ne oldu. Bak, köle gibi boğaz tokluğuna çalışıyoruz işte.

Sohbet bu şekilde devam edip giderken hayallerim yeniden canlandı, yüreğim coştu, gözlerimin ışıltısı arttı. Allah bir kere daha dualarımı kabul etmiş ve pek muhterem eniştemi, o yüce insanı ve okumam konusunda önümdeki en büyük engellerden birini kaldıran teyzemi göndermişti. Sanki bir mucize oluyordu. O gece yüreğime dokunan sözler, hayatıma dokunan eller teyzeme ve enişteme aitti.

Ertesi gün ayrılmak için vedalaşırken babamla eniştem ev tutmak için Sivrihisar'da pazartesi günü buluşmak üzere sözleştiler.

İNANAMIYORUM, OKULDAYIM

Okulların açıldığı üçüncü haftanın pazartesi günü Sivrihisar'a giden minibüsün köye dönmesini iple çekiyordum. O gün benim için çok önemli bir gündü. Babam o gün beni okula yazdıracak ve eniştemle beraber kalacağımız evi kiralayacaktı. Benim için çok uzun süren bir bekleyişten sonra minibüs geldi. Babam indiğinde her zamanki gibi elinde bir pazar sepeti, bir file, iki şehir ekmeği ve bir gazete vardı. Yüzündeki tebessümden iyi haberlerin olduğunu çocuk kalbimle hissetmiştim. Hemen yanına koşup peş peşe sorular sormaya başladım.

— Anlatsana baba ne oldu, yazdırdın mı, okulu hazırlamışlar mı, ev tuttun mu?

Köy meydanındaki kalabalığın içinde ve büyüklerin yanında benimle konuşmaya utanan babam, tebessüm ederken kaş-göz ve baş hareketleriyle haydi evde anlatırım diyordu sanki. Babamın elindeki fileyi ve ekmekleri kaptığım gibi eve doğru koşmaya başladım. Avlu kapısından girer girmez babamın tebessümünden anladıklarımı anlatmak ve Aynur'un da duymasını sağlamak için "Annee" diye bağırdım.

— Ne var oğlum, ne bağırıyorsun öyle?

— Babam kaydımı yaptırmış, evi de tutmuş.

Mutfakta yemek hazırlayan annemden önce Aynur damlamıştı bizim avluya.

— Kim söyledi, amcam mı?

— Evet.

— Ondan duymadan inanmam. Nerede amcam?

— Şeyyy, söylemedi ama minibüsten inince güldü. Kayıt yaptırmadıysa niye gülsün.

Aynur öyle bir kahkaha attı ki içimden ya yaptırmadıysa diye şüpheye düştüm. Tam benimle alay etmeye başlayacaktı ki babamın avlu kapısından girdiğini gördü ve beni bırakıp babama doğru gitmeye başladı.

— Alişan'ın söyledikleri doğru mu amca?

— Ne söyledi ki? Ben daha bir şey anlatmadım.

Aynur'un gıcık olduğum yeni bir kahkaha atmasına fırsat vermeden babama döndüğüm anda babam:

— Haydi hayırlı olsun oğlum, deyiverdi.

— Yazdırdın mı baba?

— He, yazdırdım.

— Ya kalacağımız yer?

— Celal eniştenle bir ev tuttuk. İki katlı bir evin üst katı. Alt kat ev sahibinin deposu gibi bir yer.

— Kirası ne kadar, diye sordu annem.

— İki yüz lira. Bacanakla yarı yarıya bölüşüp ödeyeceğiz. Elektrik ve su da ortak olacak.

— Ne zaman gidiyoruz baba.

— Çarşamba günü. Biz, salı günü buradan biraz eşya ve yakacak yükleyip teyzenlere gideceğiz, onların eşyalarını da üstüne atıp Sivrihisar'a gideceğiz.

Babamın anlattıklarını duyan Aynur, anneme yardım etmem lazım diyerek usulca yanımızdan ayrıldı.

Babam ne güzel konuşuyordu öyle, sanki ağzından bal akıyordu. Söylediği her cümle içimi biraz daha coşturuyor, hevesimi arttırıyordu. Onu dinlerken ağzım kulaklarıma varıyordu. Bu sevinçli ve neşeli ortamı bir soru bozdu:

— Gitmesen olmaz mı?

Hepimiz sesin geldiği tarafa döndük.

— Okula gitmesen olmaz mı, diyordu Kahraman.

— Ben seni özlerim, sen gidince yalnız kalırım. Sen yokken ben kiminle oynayacağım?

Annem Kahraman'ın masum masum söylediği bu sözleri duyunca çok duygulandı, divanın üstüne oturdu ve ağlamaya başladı. Az önceki sevinç ve neşe yerini hüzünlü bir havaya bırakmıştı.

— Hoppalaaa, şimdi ben ne yapayım? Oğlumuz okuyacak diye sevinecek miyiz, yoksa evden ayrı kalacak diye üzülecek miyiz? Sen her seferinde böyle ağlayacaksan göndermeyelim o zaman.

Babam Kahraman'a döndü.

— Gel bakalım tosunum (babaannem yokken kardeşimi böyle severdi), ağabeyinin gidişine üzülüyor musun?

— He.

— Bak Nurgül burada, Fatih burada.

— Ama Fatih daha bebek, benimle oynayamaz ki.

— Merak etme o da senin gibi büyüyor. Hem ben sana şehirden yeni oyuncaklar alırım onlarla oynarsın.

— Tamam, çok oyuncak al o zaman.

— Ben de sana mektup yazarım, dedim Kahraman'a.

O akşam, her zamanki gibi ben, Kahraman ve Nurgül ayni yatağa yattık. Fatih küçük olduğu için tahta beşikte yatıyordu. Çoğu zaman "Öte git, beni sıkıştırıyorsun, bacağını çek üzerimden" diye ittiğim Kahraman'a bu defa biraz daha sokuldum. Elimi boynuna atıp sarıldım, çünkü iki gece sonra artık aynı yatakta olmayacaktık.

Birden Rafet geldi aklıma. Üç yıl önce pantolonumu giymek için yalvaran ve benim onu giymesine izin vermediğim kardeşim, pantolonu giydireceğim gün de traktörün altında kalıp ölen kardeşim, üçümüz aynı yatakta yatarken birbirimizi tekmelediğimiz, biraz öteye ittiğimiz, yatakta işeyip birbirimizin üzerine attığımız kardeşim, kavga etsek de birbirimizin sevgisiyle büyüdüğümüz kardeşim Rafet geldi aklıma.

Aramızdan ayrılıp Allah'ın huzuruna gideli tam üç yıl olmuştu. Ne kadar da çok özlemiştim onu. Şimdi o da yanımda olsaydı aynı yatağa yatsaydık. Herhalde ona hiç "Öte gitsene biraz" diye kızmazdım, pantolonumu ve ayakkabımı giydirirdim, oyuncaklarımı paylaşırdım, hem de hepsini. Hatta harçlıklarımı biriktirir ona çarşamba pazarından sevdiği oyuncaklar alırdım.

Bu duygularla Kahraman'a bir daha sarıldım.

Sahi senin de kardeşin veya ağabeyin var mı? Onlarla kavga ediyor musun, onları dövüyor musun? Onların oyuncaklarını yere çarpıyor musun? Bazen içinden şu gıcık çocuk ölse de kurtulsam duygularının geçtiği oluyor mu? Şimdi bu satırları okurken kalk, onların yanına git, sevdiğini söyle ve sarıl. Sağlıklı bir şekilde yanında oldukları için Allah'a şükret.

Biliyor musun ben şimdi kardeşimin mezarına gidiyorum ve yanakları yerine mezarın başındaki taşı öpüyorum. İnsana huzur ve güven veren en güzel kokulardan biri kardeş kokusuymuş, bunu çok iyi anladım.

Salı günü annem benim için gerekli tüm hazırlıkları yaptı. Kışlık giyecekler, kendi elleriyle ördüğü yün çorap, hırka, kazak, atkı; yazdan hazırladığı kışlık yiyecekler, bulgur, erişte, tarhana, turşu, biraz kap-kacak...

Römorku kışlık yakacağımız olan tezekle doldurduk. Yaylı divanı, ayakları yukarı gelecek şekilde tezeğin üzerine uzattık, bir köşeye yiyecekleri, onların yanına da bir döşek, bir yorgan, bir yastık ve birkaç minder yerleştirdik.

Ben geçen seferki gibi yine römorka bindim ve teyzemlerin köyüne doğru hareket ettik. Oraya vardığımızda onların da eşyalarını bizimkilerin yanına yükledik. Sabah erkenden Sivrihisar'a gitmek için o gece orada yattık.

Teyzemin oğlu Kenan'la hayaller kurduk o gece. Sınırları köyümüzün dışına taşmayan aklımızla ne kadar büyük hayaller kurabilirdik sence?

Sabah büyük bir heyecanla uyandık. Kahvaltıdan sonra ben, Kenan, Züleyha, Hasan, Merve ve Gülcan teyzem römorka bindik. Celal eniştem de babamın yanına bindi. Traktör hareket edip de yola koyulduğumuzda hepimiz yeni bir dünya keşfediyormuşçasına heyecanla sağa-sola bakıyorduk arabanın üzerinde.

Sonunda dört köyün içinden geçerek Sivrihisar'a ulaştık. Eskiden at arabalarının geçebileceği şekilde planlanmış daracık sokaklardan traktörle zar zor geçerek öğle üzeri babamların kiraladığı eve ulaştık.

— Haydi, siz okula gidin, bak okul açılalı iki gün oldu, derslerinizden daha fazla geri kalmayın, hiç olmazsa öğleden sonraki derslere yetişin.

— Eşyaları indirseydik baba.

— Biz indiririz, haydi siz okula.

— İyi de okul nerede yerini bilmiyorum ki, dedi Kenan.

Ben hemen araya girdim, büyük bir gururla havamı attım:

— Ben biliyorum, geçen gelişimde görmüştüm. Ulu Cami'yi bulursak gerisini hallederim.

Okula vardığımızda yaklaşık altmış kadar öğrenci okulun önünde toplanmıştı. Biz de Kenan'la aralarına karıştık. Kalbimin yerinden fırlayacakmış gibi çırpınışını umursamadan okula dışarıdan baktım.

İçimden, "Vay be, şu an burada olduğuma inanamıyorum. Ne zamandır uğruna mücadele verdiğim hayalim gerçekleşti ve ben okula başlıyorum" dedim.

Çok heyecanlıydım. Kenan'dan başka kimseyi tanımıyordum ama olsun, nasıl olsa diğer öğrencilerle de tanışacaktım.

Sıraya geçerken arkamızdan gülüşme sesleri geldi. Dönüp baktığımda gördüm ki bazıları gülüyor, bazıları da gülmemek için kendini zor tutuyordu. O kadar sevinçli ve mutluydum ki onlarla beraber ben de güldüm.

Tam o sırada, müdür yardımcısı olduğunu sonradan öğrendiğim biri sert ve yüksek bir sesle bağırdı:

— Uzat kolları! Konuşma oğluuum! Geç sıraya. Sallanıp durmaa. Ahır mı lan burası?

Hem çok korktum hem de şaşırdım çünkü ben bir gün önce ahırı temizlemiştim ve yarım saat önce tezek dolu römorktan inip buraya gelmiştim. Üzerime sinen inek kokusunu hissedip bana bağırdığını zannettiğim için çok şaşırmıştım.

Sıradaki öğrencilerin neye güldüğünü o gün fark edemesem de sonradan öğrenmiştim. Samimi arkadaş olduğum Yüksel anlatmıştı bana neden güldüklerini.

Okula başlamanın heyecanıyla yeni giysi ve ayakkabı almadan, çantam bile olmadan, üzerimdeki kıyafetlerle apar topar gelmiştim o ilk gün. Yüksel'in dediğine göre hem dizleri hem de arkası yamalı pantolonuma, ucu delindiği için başparmağımın tosbağa kafası gibi çıktığı lastik ayakkabılarıma, dirsekleri ezilip yırtılma noktasına gelmiş eski ceketime ve üzerimden gelen inek kokusuna gülmüş öğrenciler.

Çok utanmıştım.

Hayalini kurduğum ortaokulun koridorunda yürürken nasıl heyecanlandığımı ve mutlu olduğumu anlatamam sana. Sivrihisar İmam-Hatip Ortaokulu'nun 6-A sınıfı yirmi bir numaralı öğrencisiydim artık. Sınıfta benimle birlikte otuz öğrenci vardı.

Öğleden sonraki ilk dersimiz Türkçeydi. Öğretmenimiz yeni geldiğimizi fark etti ve bize "Hoş geldiniz" dedi. Sonra kendimizi tanıtmamızı istedi. Ayağa kalkıp konuşurken sesim titredi, ağzım kurudu. Yabancı bir ortamda, hiç tanımadığım öğrencilerin arasında ilk defa konuşuyordum. Yanlış bir şey söylersem benimle alay ederler korkusu beynimi uyuşturmuştu sanki. Yine de kekelemeden konuşup kendimi tanıttım ve yerime oturdum.

Öğretmenin güler yüzü, sevecen yaklaşımı beni biraz rahatlattı. Konuşurken gülümsemesi ve adımızla hitap etmesi onun dersini sevmemi sağladı. Diğer öğrenciler bizden iki gün önce başladıkları için kıdemli sayılıyordu. Teneffüs zili çaldığında dışarı çıktık. Kenan'la birbirimizden ayrılmıyorduk.

İkinci ders de Türkçeydi. Okula başlamamın, hayalime kavuşmanın heyecanıyla dikkatim dersten çok başka şeylere kayıyordu. Mesela öğretmenin giydiği elbise üzerinde çok şık duruyordu. Ayakkabıları pırıl pırıl parlıyordu. Saçlarını çok güzel taramıştı. Öğrencilerin bir kısmı takım elbise giyip kravat takmıştı. Bazılarında kadife pantolon vardı, kimisinin ceketi ayrı, pantolonu ayrıydı. Kenan daha önce yeni elbise ve ayakkabı aldığı için sınıfta yamalı pantolon giyen tek öğrenci bendim.

Benden başka iki kişide daha lastik ayakkabı vardı ama onların ayakkabıları benimkiler gibi delik değil, gıcır gıcırdı.

KAYBOLDUK

Son dersten çıkınca öğrenciler evlerine gitmek üzere sokak aralarına dağıldılar, kimisi de pansiyona doğru yola çıktı. Kenan'la ikimiz yürürken bir ara durduk. İyi de bizim ev hangi sokaktaydı.

— Kenan, evimizin yerini biliyor musun?

— Hayır.

— Şimdi ne tarafa doğru gideceğiz?

— Bilmiyorum ki.

— Yani şimdi biz kaybolduk.

— Hee kaybolduk. Yahu biz evi nasıl bulacağız!

Bizim köyün nüfusu dört yüz kişiydi, Sivrihisar'ın girişindeki tabelada nüfus: 9600 yazıyordu. Bizim köyden yirmi dört kat büyük olan bu koca şehirde ortada kalmıştık.

— Birine soralım mı?

— Nereyi?

— Bugün taşındığımız evi.

— İyi de adresi bilmiyoruz ki.

— O da doğru ya.

Aklıma bir köy çocuğunun zekice yön bulma yöntemi geldi.

— Haydi, Ulu Cami'ye gidelim, belki orada hatırlarız ne tarafa gideceğimizi.

— Bulamayız çünkü okula gelirken hangi caddelerden ve sokaklardan geçtiğimize hiç dikkat etmedik ki.

Ulu Cami'ye doğru yürümeye başladık. Meydana geldiğimizde sanki tersimiz dönmüştü. Ne mahallenin adını biliyorduk ne caddenin ne de sokağın. Evin numarasına bakmak aklımıza bile gelmemişti. Tek hatırladığım şey bahçe kapısının üzerindeki işlemeli metal tokmaktı. Sonra baktım ki neredeyse tüm kapıların üzerinde zil vazifesi yapan aynı tokmaktan var.

Ulu Cami'nin önündeki şadırvanın ahşapla kaplı oturaklarına oturduk. Tanıdık birini görebilir miyiz diye bir o caddeye bir bu caddeye bakıyorduk. O kadar insanın içinden bir tane bile tanıdık geçmez mi? Geçmedi. Şimdi köyde olsak kahvenin önüne otursak gelen geçen herkesi tanırdık.

Aradan bir saat geçtikten sonra bir de baktım bizim müdür yardımcısı geliyor. Hani şu bize; "Konuşmayın oğlum! Geçin sıraya! Ahır mı lan burası!" diye bağıran adam. Hemen kalkıp bir umutla yanına koştuk:

— Öğretmenim.

— Efendim evladım.

— Biz bugün İmam-Hatip'e yazıldık.

— Eee?

— Sivrihisar'a da yeni geldik.

— Hoş geldiniz o zaman.

— Öğretmenim biz evimizi bulamıyoruz.

İsa Öğretmen şaşkınlıkla baktı:

— Evinizi mi bulamıyorsunuz, yanlış duymadım değil mi?

— Evet, öğretmenim, buraya daha bugün geldik. Adres almadan okula koştuk. Şimdi de yolumuzu şaşırdık.

— Oğlum insan gelirken sağa sola bakmaz mı, yürüdüğü yolun üzerinde ne var diye dikkat etmez mi?

— Etmemişiz öğretmenim.

— Desenize bu gece sokakta kaldınız?

— Ne... Gerçekten mi?

Ben korkmaya başladım. Ben gece sokaklarda ne yaparım. Hem babam da merak eder diye içim içimi yemeye başladı.

— Siz şimdi tekrar okulun önüne gidip orada bekleyin, geç kalacağınız için aileniz sizi merak edip aramaya çıkarlar, tabii öncelikle de okula bakarlar.

Kenan'la birbirimize baktık. Yapacak başka bir şey görünmüyordu. Doğruca okula gittik. Gün batmaya yaklaşırken benim korkularım iyice arttı:

— Ya bizi almaya gelmezlerse ne yaparız burada Kenan?

— Gelirler herhalde.

— Diyelim ki gelmediler.

— Amma da korkuyorsun Alişan, gelirler diyorum.

— Sen korkmuyor musun?

— Korkmuyorum tabi, niye korkayım ki, dağ başında ya da ormanın içinde değiliz ya.

Hava kararırken eniştemin hızlı adımlarla okula geldiğini görünce derin bir oh çektim. Bütün korku ve endişelerim gitti. Eniştem biraz endişeli ve bizi azarlar gibi sert bir ses tonuyla sordu:

— Neredesiniz oğlum, eve neden gelmiyorsunuz, bu saatte ne yapıyorsunuz burada, yoksa oyuna mı daldınız?

— Evi bulamadık.

— Ne?

— Eve nasıl geleceğimizi bilemedik, sokakları karıştırdık.

— Hadi yürüyün, annen çok meraklandı.

Büyüklerden duymuştum. Allah sevindirmek istediği kulunun devesini önce kaybettirir, sonra aynı deveyi yine buldururmuş. İşte ben de tam o durumdaydım.

Biz okula gidince babamla eniştem eşyaları indirmişler, teyzem de evi yerleştirmiş. Ev küçük bir bahçe içindeydi. Üst kata ahşap bir merdivenden çıkılıyordu. Üst kata çıktığımda hayal kırıklığına uğradım. Ben köydeki gibi büyük bir ev beklerken bir oda, bir mutfaktan oluşan iki göz küçücük bir evle karşılaşınca şaşkınlığımı gizleyemedim. Pencerenin önünde yandaki iki duvara kadar uzanan ve Sivrihisar'ın neredeyse tüm eski evlerinde bulunan tahtadan yapılmış sedir dikkatimi çekmişti. Üzerine el dokuması kilim seren teyzem yan duvarın önüne de bizim yaylı divanı yerleştirmişti. Yanına da yatak, yorgan ve yastıkları yığmıştı. Küçük piknik tüpü, çaydanlık, birkaç tencere ve kap-kacağı da mutfak sayılan küçücük bölmedeki tezgâhın üzerine sıralamıştı.

Demek ki Gülcan teyzem, dört çocuğu ve ben bu küçücük evde kalacaktık. Gece olunca nasıl yatacağımızı ve buraya nasıl sığacağımızı merak etmeye başladım. Bunun üzerine bir de yatılı misafir geldiğini düşünmek bile istemiyordum.

Benim dikkatimi en çok ne çekmişti biliyor musun? Elektrik düğmesi ve priz... Köyde elektrik bilmezdim, hatta Tahsin anlatıncaya kadar varlığından haberim bile yoktu. Biz gaz lambası yakardık. Şehirde akşam olduğunda alışkanlık olduğu üzere gaz lambasını ararken Züleyha bir düğmeye bastı ve tavandaki lamba ışıl ışıl yanıverdi. Ben düğmeye yaklaşıp bir daha basınca lamba söndü. Yeniden bastım ve lamba tekrar yandı. Prize de hayret etmiştim. Köyde radyo pille çalışırdı. Ama burada pile gerek yoktu, radyodan çıkan bir kablonun fişini prize taktın mı radyo çalışıyordu. Ben hep şunu düşünüyordum: Acaba ışık ya da enerji duvarın içinde nasıl bekliyordu ki biz düğmeye basar basmaz tavana çıkıp odayı aydınlatıyordu?

Yemekten sonra babamın dizinin dibine oturdum. Teyzem çayları dağıtırken babam konuşmaya başladı:

"Bakın çocuklar bugün hepimiz için çok önemli bir gün. Çok istediğiniz okulunuza yazıldınız. Siz okumak istediniz, biz de imkânlarımızı çok zorlayarak sizi getirdik. Anne baba olarak üzerimize düşen vazifeyi yaptık. Çok uğraştık, çok yorulduk ama şimdi bu şirin evde şu güzel çayı içerken yaşadığımız huzur her şeye değdi. Allah'a hamdolsun ki buralara kadar gelmeyi hepimize nasip etti. Ona ne kadar şükretsek azdır.

Biz vazifemizi yaptık, şimdi sıra sizde. Size derslerinize çalışın dememe gerek yok. Sizin okumayı çok istediğinizi biliyorum. Hele Alişan'ın iki senedir okumak için gösterdiği çabayı gözlerimle gördüm. O kadar uğraştıktan sonra şimdi ders çalışmamak zaten olmaz.

Çok çalışıp başarılı olacağınızı biliyorum. Size derslerle ilgili bir şey söylemeyeceğim. Güzel ahlaklı ve terbiyeli olmaya devam edin. Arkadaşlarınızla kavga etmeyin, dövüşmeyin. Kimsenin hakkını yemeyin.

Hele öğretmenlerinize saygıda kusur etmeyin. Burada birbirinize sahip çıkın. Alişan, sen teyzenin sözünden çıkma, artık burada senin annen Gülcan teyzen. Kenan, siz de annenizi asla üzmeyin. Tatilde köye gelirken güzel haberlerle gelin. Biliyorum başımızı öne eğdirmezsiniz."

Babamı dinlerken koltuklarım kabardı, sanki okumuş da büyük bir adam olmuş gibi konuşuyordu, aynı öğretmenler gibi.

— Ben şimdi köye gidiyorum.

Babamın bu sözü içime bir ateş düşürdü, demek ki beni bu gurbet elde bırakıp gidecekti.

— Baldız Alişan'ı önce Allah'a, sonra sana emanet ediyorum.

Teyzemin başı öne eğildi.

— Sen hiç merak etme Abidin, onu kendi çocuklarımdan ayırmam, hatta onlardan daha üstün tutacağımı bil.

— İnşallah okurlar da maaşlı birer memur olurlar, bizim gibi köyde sürünmezler. Kendilerini kurtarsınlar başka bir şey istemem zaten.

Babam vedalaşmak için kalktı. Sırayla elini öpmeye başladık.

— Bana elbise, ayakkabı, kitap, defter alacak mısın?

— Alacağım oğlum. Şimdi gidiyorum, cuma günü geri geleceğim. Okulda ne lazımsa sen bir liste yap, geldiğimde elbiselerle beraber hepsini alırız.

Elini öptükten sonra yüzüne baktım. Gözleri nemlenmişti. Sarıldık, sımsıkı.

— Anama ve ebeme selam söyle.

— Aleykümselâm.

— Kahraman'la Nurgül'e de.

— Tamam söylerim.

— Fatih'i de öp.

— Tamam. Haydi, Allaha ısmarladık.

Babam evden çıkıp sokak kapısının önünde duran traktöre doğru yürüdü, biz de arkasından. Motor çalışıp da traktör hareket ettiğinde sanki içimde bir şeyler kopuyordu. Kelimeler boğazımda düğümlendi. Konuşamadım.

Beni buralara getirmek için elinden gelen her şeyi yapan, varını yoğunu ortaya koyan, tüm imkânlarını hatta imkânsızlıklarını bile seferber eden babam, beni hiç tanımadığım bu şehirde karanlık bir akşama bırakıp gidiyordu. Arkasından koşmak istedim. Celal eniştem elini omzuma koydu:

— Hadi eve çıkalım, üzülme bu kadar, cuma günü geri gelecek. Hem senin yeni evin artık burası...

Ahşap merdivenin başına geldiğimde kendimi tutamadım, boğazıma düğümlenen hıçkırıkları salıverdim. Babaaa, diye ağlıyordum.

SENEYE DE GİYERSİN

Gülcan teyzem otuz iki yaşındaydı ve dört çocuğu vardı. Büyük oğlu Kenan on üç, Züleyha on bir, Hasan sekiz ve Merve de beş yaşındaydı. Biz Kenan'la ortaokul birinci sınıfa gidiyorduk. Züleyha ilkokul dördüncü, Hasan da ikinci sınıfa gidiyordu. Merve henüz okula başlamamıştı.

Ertesi sabah okula gitmek için giyinirken içim buruktu, Kenan yeni elbiselerini giydikten sonra masanın üstündeki çatlak aynanın karşısında saçlarını tarıyordu. Benim pantolonum yamalı, ceketim eski ve ayakkabılarımın ucu delikti. Saçlarım üç numara kesildiği için taranacak durumda değildi. Cuma gününün gelmesini dört gözle bekliyordum çünkü babam köyden gelip bana her şeyin yenisini alacaktı.

Geç kalırız korkusuyla okula gitmek için erkenden yola çıktık.

Bu defa geçtiğimiz sokaklara ve cadde üzerindeki binalara iyice dikkat ediyorduk. Derslerin saat kaçta başladığını bilmiyorduk. Bahçeden içeriye girdiğimizde bizden başka kimseyi göremedik. On dakika sonra öğrenciler birer ikişer gelmeye başladılar. Saat sekizi yirmi geçe, sonradan hademe olduğunu öğrendiğimiz uzun boylu, kalın bıyıklı, esmer bir adam Atatürk büstünün yanına geldi ve elindeki zili çalmaya başladı. Bayrak direğinin önünde toplanıp beklemeye başladık.

Müdür yardımcısı bize birçok kuralı hatırlattığı uzunca bir konuşma yaptı. Okula zamanında gelmemizi, kılık kıyafete dikkat etmemiz gerektiğini, çapulcu gibi giyinmenin bize yakışmayacağını, saçlarımızı kısa kestirmemizi söyledi. Kurallara uymayanların disipline gideceğini de ekledi.

Sınıfa girip yerlerimize oturduğumuzda bu defa öğretmen zili çaldı. İçeriye biri çok uzun, diğeri orta boylu iki kişi girince hepimiz ayağa kalktık. Uzun boylu olan arka sıraya geçip oturdu. Orta boylu olan öğretmen masasına doğru yürüdü ve bize dönüp "Oturun" dedi. İki dakika sonra bu sefer orta yaşlı bir öğretmen içeri girince biz yine ayağa kalktık.

Masanın başında dikilen adam arka sıraya doğru yürüyüp uzun boylu olanın yanına oturdu. Ben ne olduğunu anlamaya çalışıyordum. Acaba derse birkaç öğretmen birden mi giriyordu?

Durum sonradan anlaşıldı. Meğer sınıfa bizden sonra giren kişi de öğrenciymiş. Okula o gün kayıt yaptırdıkları için hiçbirimiz onları tanımıyorduk. Yaşları bizden oldukça büyük olduğundan onların öğretmen olduğunu zannettik ve hemen ayağa kalktık. Onlar da bozuntuya vermediler. Bu komik olayı sonradan kendi aramızda defalarca anlatıp güldük.

Cuma günü okula giderken içimde ayrı bir heyecan vardı çünkü babam gelecek ve beni tepeden tırnağa giydirecekti. O sabah öğrenciler bayrak direğinin önünde sıralanırken ben en arkaya geçtim. Pantolonumun diz kısmındaki yamalar neyse de arkamdaki renkli yamalardan utanıyordum. Bir de ucu delik lastik ayakkabılarımdan.

Giydikleri yeni elbiseleriyle oldukça neşeli görünen şehirli çocukların arasında ben eski elbiselerimle biraz utangaç ve pısırık duruyordum. Hatta teneffüse bile çıkmıyordum, biri pantolonumun arkasındaki yamaları ve delik ayakkabılarımın ucundan fırlamış parmaklarımı görüp de gülmesin diye… Sanki ben yerimden kalkmayınca yamalarım yok olacaktı.

İlk teneffüs zili çaldığında babamın başını kapıdan uzatıp beni çağırması ümidiyle kapıya baktım. Gelmedi babam. İkinci teneffüs bekledim gelmedi, üçüncüde de gelmedi. Öğle arası umutla ben dışarı koştum yine yoktu. Ve ben o gün son derse kadar babamı bekledim.

Son dersin bitiş zili çaldığında ümidimi hala kaybetmemiştim, çünkü babamın derslerden geri kalmamam için beni almaya gelmediğini, bayrak töreninden sonra gelip beni alışverişe götüreceğini düşündüm. Büyük bir ümitle tören alanına doğru koştum, babam yoktu. Herkes İstiklal Marşı'nı söyleten müdür yardımcısının el hareketlerine bakarken ben, kimseye çaktırmadan bir yandan babamın gelebileceği caddelere ve sokaklara bakıyordum, bir yandan da kendime alacağım giyeceklerin güzel olması için, kimin pantolonu yakışmış, kimin ayakkabısının rengi güzel diye arkadaşlarımın giydiklerini inceliyordum.

Tören bitip de "İyi tatiller!" sözünü duyar duymaz tüm öğrenciler bahçenin çıkış kapısına doğru yöneldiler. Ben belki gelmiştir diye son bir ümitle daha etrafıma baktım ama yoktu babam.

Kenan'ın "Belki de babanın işi çıkmıştır, o yüzden gelmemiştir" demesi üzüntümü hafifletmeye yetmedi. Yavaş adımlarla eve doğru yürümeye başladık. Sonra birdenbire hızlandım ve sanki koşar adımlarla yürümeye başladım. Kenan "Ne oldu, neden böyle hızlı yürümeye başladın?" diye sorunca, "Belki de babam eve gelmiştir, bizi orada bekliyordur" diye cevap verdim heyecanla.

Hızlı yürümekten terlemiş ve nefes nefese kalmış bir durumda eski ahşap kapının tokmağına vurdum. Kapıyı Züleyha açtı. Ona bir şey sormadan eve bir an önce girmek için merdivenin basamaklarını ikişer ikişer çıktım. O beş-altı saniyelik sürede neler hayal ettiğimi tahmin edebiliyor musun?

O akşam büyük bir hayal kırıklığı içerisinde uzandım yatağa. Yorganı başıma çektim. Kendimi çok yalnız ve sahipsiz hissettim. Annem, babam, kardeşlerim ve babaannem şimdi hep beraber ne güzel oturuyorlardır. Kahramanla Nurgül oynuyorlardır, annem Fatih'i dizlerinde sallayarak uyutmaya çalışıyordur. Babaannem namaz kılıyordur, babam kahveye gitmiştir.

Peki ya ben… Okumak uğruna onları bırakıp koca bir şehre gelmişim. Teyzemin çocuklarının yanında annesi ölmüş bir kuzu gibiyim. Şehir çocuklarının arasında sanki yapayalnızım. Eski elbise ve ayakkabılarımla onların arasında utanıyorum. Babam da gelmedi, görünüşe göre ben pazartesi günü de okula bu halde gideceğim ve arkadaşlarımın bazıları yine arkamdan gülecek.

Gözyaşlarım damla damla yastığa akarken hıçkırmamak için kendimi zor tutuyordum. Uykum da gelmiyordu. Olumsuz duygular ve karmaşık düşünceler içimi terk etmiyordu ki uyku gelip yorganımın altına girsin.

Ertesi sabah kahvaltı yaparken kahverengi ahşap kapının siyah demir tokmağı çalınca hepimiz birbirimize baktık. Ben teyzemin dört çocuğunun arasında misafir gibi sayıldığımdan Gülcan teyzem Hasan'ı gönderdi kapıyı açmaya. "Merhabaaaa" sesini duyar duymaz ayağa fırladım. Gelen babamdı. Pazartesi günü gelir diye düşündüğüm babamın hiç beklemediğim bir anda gelmesi beni o kadar çok sevindirdi ki anlatamam. Çay bardağını ağzıma götürürken heyecandan elim titriyordu.

Evden çıkıp mağazaların bulunduğu çarşıya giderken yaşadığım duyguyu sana nasıl anlatacağımı bilemiyorum. Çoktandır hayalini kurduğum çizgili elbisenin, kareli gömleğin ve gıcır gıcır ayakkabıların bulunduğu dükkânlara doğru yürürken içimdeki tarifsiz sevincin yanında kaygılarım da vardı. Acaba babam benim istediğim her şeyi alacak mıydı, yoksa her şeyi kendi kafasına göre seçip "Giy bunları" mı diyecekti.

Ulu Cami'nin karşısındaki mağazaya girdiğimde şaşırıp kaldım. Rengârenk elbiseler, çeşit çeşit gömlekler, kadife pantolonlar, hırkalar, kışlık paltolar, şapkalar, bereler, atkılar, gocuklar, montlar, eşofmanlar, kravatlar, ceketler. Bizim köylülerin hepsine yetecek kadar çok giyecek vardı burada. Hangilerini seçeceğimi de bilemedim.

Babam aldıklarımı üzerimde denerken iki beden büyüğünü alıyordu: "Seneye de giyersin. Boyun hızlı uzadığı için bunlar daha eskimeden seneye dar gelir, o yüzden büyüğünü alalım" diyordu.

Ayakkabı mağazasına giderken babamın söyledikleri kendimi değerli hissettirmişti: "Sen köyde giydiklerinle okula gidip arkadaşlarının arasında daha fazla mahcup olma diye şimdilik bunları alıyoruz. İleride durumumuz iyi olursa terziye gidip sana özel elbise diktiririm."

Vay be demek babam bana özel takım elbise bile diktirecekti.

Her ne aldıysak birer tane aldık. İç çamaşırı, gömleği, pantolonu ve çorapları beş gün giyiyorduk. Teyzem onları cumartesi günü yıkadığında kuruyuncaya kadar ya evden çıkmıyor, ya da eskilerle idare ediyorduk.

Pazartesi günü okula giderken yeni giyeceklerin içinde sanki bambaşka bir Alişan vardı. Çok mutlu yürüyordum. O an aklıma Aynur geldi. Şimdi burada olsa üstümü başımı böyle pırıl pırıl, ayakkabılarımı böyle gıcır gıcır görse bakalım yine dalga geçebilecek miydi?

Kendi kendime dedim ki: "Şimdi köye gitsem de karşısına geçsem ve önünde şöyle havalı havalı bir güzel yürüsem..."

Cuma günü pantolonumdaki yamaları ve ayakkabının ucundaki deliği kimse görmesin diye arkadaşlarımdan utandığım için bayrak töreninde en arka sıraya geçen ben, pazartesi günü yapılan törende yeni elbiselerimle en ön sıraya geçiyordum.

Zaman geçtikçe bir yandan okula alışıyor, bir yandan da köyümü özlüyordum. Sınıftaki arkadaşlarımla tanışıp onlarla sohbet ettikçe benim yaşadıklarıma benzemeyen farklı hayatlar olduğunu anlıyordum. Köylerden gelen öğrenciler biraz çekingen, içe kapanık, sessiz, pısırık ve itaatkâr olurken, şehirli çocuklar, biraz daha rahat, girişken, dışa dönük ve konuşkan oluyorlardı. Ben de onların bu rahatlığı karşısında içe kapanıklığımdan çıkamıyor ve yalnızlığımla baş başa kalmaya devam ediyordum. Sınıfta Kenan'la aynı sırada oturuyor, teneffüste de yanından ayrılmıyordum. O benden bir yaş büyük olduğu ve onların evinde kaldığımız için varlığından büyük cesaret alıyordum.

İmam-Hatip Okulu'ndaki altmış öğrencinin tamamı erkekti. Bir gün öğretmenlerimizden birine okulda neden kız öğrencilerin de bulunmadığını sordum: "Buradaki kültürün yapısı kızlarla erkeklerin şimdilik İmam-Hatip'te aynı sınıfta okumasını kaldıramaz, ayrı bir sınıf oluşturacak kadar kız öğrenci başvurmadığı için kızlar alınmadı. İleride zaman ne gösterir bilmem" dedi.

Önceleri bu durumu yadırgasam da sonradan: "İyi ki de okulumuzda kızlar yok, ya aralarında bizim Aynur gibi gıcık biri çıkarsa ben ne yaparım?" diye sevindim...

On beş gün içerisinde okula ve ilçeye iyice alıştım. Alışmakta zorlandığım iki şey vardı. Biri köyden uzak olmak, diğeri teyzem de olsa başkasının evinde sığıntı gibi yaşamak... Teyzem beni kendi çocuklarından ayırmıyor hatta zaman zaman onlardan üstün tutuyordu. Onun beni çocuklarından üstün tutmasına çok mahcup oluyordum, çünkü beş çocuktuk ve ben evin sahibi olanlardan farklı bir konumda olmak istemiyordum. Benim kendimi iyi hissetmem için karşılaştığım bu davranış diğerlerinin kendilerini kötü hissetmelerine neden olabilirdi.

Akşamları başımı yastığa koyduğumda köy ve ailem geliyordu gözlerimin önüne. Şimdi bensiz ne yapıyorlardır, Kahraman Nurgül'le oynuyor mudur, annemle babaannem kavga ediyor mudur, babaannemin dolabında meyve ve çerez var mıdır, babam ekinleri ekmiş midir, buzağılar büyümüş müdür, Fatih eve neşe saçıyor mudur, kapının eşiğinde oturup çekirdek çitliyorlar mıdır?

Peki ya Aynur? O ne yapıyordur acaba, benden başka çatacak birini bulmuş mudur ki...

Öğretmenlerimizin her biri farklı bir yaklaşım gösteriyordu. Kimi güler yüzlü, kimi asık suratlı, kimi güzel giyimli, kimi bakımsızdı. Kimi bizi notla tehdit ediyor, kimi notun değil davranışlarımızın önemli olduğunu söylüyordu. Her öğretmen derse başlamadan önce öğrencilerin deyimiyle nutuk atıyor, kendi kurallarını ve prensiplerini sıralıyor ondan sonra ders anlatımına geçiyordu.

Ders anlatımı dediğim; kimi açın defterlerinizi deyip kitaptan özet yazdırıyor, kimi bizi tahtaya kaldırıp konuyu anlattırıyor, kimi bir öğrenciye dersi kitaptan okutturup diğerlerine dinlettiriyordu. Kitapta yazanların aynısını deftere yazdıran bir öğretmenimiz bile vardı.

Okulumuz yeni açıldığı için öğretmen kadrosu tam değildi. Diğer okullardan da bazı öğretmenler gelip dersimize giriyorlardı. Bazı derslerimiz de boş geçiyordu.

CİCİ KIZ

29 Ekim Cumhuriyet Bayramı yaklaşıyordu. Köyde kutlamalar okulumuzun bahçesinde yapılırdı. Arkadaşlarımızın söylediğine göre ilçedeki törenler futbol sahasında ve tüm okulların katılımıyla yapılacakmış. Şehirde yaşadığım ilk milli bayram kutlamasını hiç unutamadım. Bizim okulla beraber lise, Kız Meslek, Ticaret ve Endüstri Meslek Liselerinin, Atatürk ve Cumhuriyet Ortaokulu'nun ve ilkokulların tüm öğrencileri oradaydı. Bayraklar, flamalar, trampetler, davullar, ziller ve borazanlar eşliğinde rengârenk bir bayram kutlaması yapıldı. Bizim okul yeni açıldığı için ne bando takımımız vardı, ne mızıkamız, ne de doğru düzgün bir kıyafetimiz. Biz okul olarak elimizde bayrağımız ve flamamızla sadece yürüyüşlere katılmakla yetindik. Tribünlerin önünden yürürken o kadar he-

yecanlandım ki sırayı bozduğumu ve arkadaşlarımın bir adım önünden gittiğimi fark etmedim bile. "Hizaya baksana Alişan, başını almış nereye gidiyorsun oğlum?" diye bağıran beden eğitimi öğretmenimin sesiyle kendime geldim.

Okulun yeni açılmasından mıdır, ilk öğrenciler oluşumuzdan dolayı bir okul kültürü oluşmamasından mıdır nedir bilmiyorum, ütüsüz pantolonlarımız ve düzensiz giyimlerimizle en paspal grup bizdik... Öyle dağınık bir haldeydik ki diğer okullardan gelen bazı öğrenciler arasında alay konusu bile olduk.

Daha sonra okulda bunu değerlendirirken bir öğretmenimiz orada kız-erkek karışık oldukları için kızların süslendiklerini, erkeklerin de kızların gözüne girmek için saçına kaşına ve üstüne başına dikkat ettiklerini söyledi. "Bizim okulda da kızlar olsaydı giyiminiz farklı olurdu" dedi.

Öğretmen konuşurken, tören alanında gördüğüm diğer okulların öğrencileri geldi gözümün önüne, özellikle de kızlar. Nasıl da güzel giyinmişlerdi öyle. Kimisi saçlarını kısa kestirmiş, kimisi de uzatıp örmüştü. Bazılarında ince ince örülmüş on-on beş kadar örük varken, bazılarında ise biri sağda, diğeri solda olmak üzere iki örük bulunuyordu. Pembe, beyaz ve kırmızı kurdeleler saçlarında ne kadar da güzel duruyordu. Hele saçlarını atkuyruğu yapmış ve sürekli gülümsediği için ağzındaki bembeyaz ve düzgün dişleri sayılacak kadar net görünen biri vardı ki, sürekli yere bakmaya alıştırılmış gözlerimi arada bir kaldırıp gizli gizli ona bakmaktan kendimi alamıyordum. Gülümserken yanaklarında oluşan gamzelerin verdiği güzelliği anlatacak kelime bulamıyorum. Güler yüzlü, neşeli ve konuşkan olmasıyla birlikte dikkat çekici bir ağırbaşlılığının olduğunu duruşundan hissediyordum.

Köyde asık suratlı, sabahları yüzünü yıkamaya dahi üşenen ve benimle sürekli dalga geçen Aynur'a hiç benzemeyen, içinden taşan mutluluğu ile etrafına neşe saçan, adını dahi bilmediğim o kızın yanındaki erkek öğrencilerin yerinde olmayı çok istedim. Ve onun konuşmalarını dinleyebilmeyi... Normalde okuldaki törenleri ve sıkıcı kutlama günlerini sevmeyen ben o cici kıza kimseye belli etmeden biraz daha bakabilmek için Cumhuriyet Bayramı kutlamalarının bitmesini hiç istemiyordum. Tören bitip de öğrenciler dağılmaya başladığında okunan şiirlerin, yapılan konuşmaların hiçbirini hatırlamıyordum. Aklımda onun tatlı gülüşü, içimi kıpır kıpır eden farklı bir duygu ve kalbimi dolduran güzel bir heyecanla oradan ayrılıp okula doğru yöneldim. Biraz sonra yine sıraya geçip atılan o sevimsiz hatta ilgimizi hiç çekmeyen o sıkıcı nutukları ayakta dinlemek zorunda olduğumuz okula...

29 Ekim Cumhuriyet Bayramı tatilinden sonra okulumuzun mevcudu seksen kişiye ulaştı. Sınıf mevcu-

du kırk kişi olduğu için artık üçer kişi oturuyorduk. Benden sonra bizim köyden sekiz kişi daha gelip okula yazılmıştı. Ben onlardan önce okula başladım diye bana biraz daha yakın olmak için önümdeki ve arkamdaki sıraya oturmaya çalışıyorlar, teneffüste yanımdan ayrılmıyorlar ve öğretmenlerle ilgili bilgi almak için birçok soru soruyorlardı. Öğrencilerle birlikte okula yeni öğretmenler de gelmeye devam ediyordu.

Öğretmenlerin üzerinde en çok durduğu konulardan biri ciddiyetti. Şu tür konuşmaları sık sık duyuyorduk öğretmenlerden:

"Artık kendinize bir çeki düzen vermenin zamanı geldi de geçiyor çocuklar. Siz, artık dinimizi en iyi şekilde temsil edeceksiniz. Oturup kalkmanıza, kılık kıyafetinize, sokakta yürüyüşünüze, başkalarıyla konuşma biçiminize dikkat edeceksiniz. Diğer okullardaki çocuklardan farklı ve ciddi bir duruşunuz olmalı, bazıları gibi laubali, yılışık ve sırnaşık olamazsınız. Sokakta yanınızdan geçen biri, üzerinizde taşıdığınız ciddiyete hayran kalmalı, anlatabildim mi bilmiyorum."

Öğretmen anlatmasına anlatmıştı ama ben ne demek istediğini pek de anlamamıştım. Kullandığı bazı kelimelerin anlamlarını bilmiyordum ki ne demek istediğini anlayayım.

Hele pazartesi ve cuma günkü bayrak törenlerinden önce dinlediğim nutuklar var ya bıkkınlık getiriyordu.

Müdür yardımcısının nasihatlerini dinledikçe kendimi suçlu hissediyor ve ne umutlarla geldiğim okulumdan soğumaya başlıyordum. Sanki okul hapishane, biz de mahkûmlardık. Okumak için hayaller kurduğum, yokluk ve yoksullukla mücadele ettiğim, annemi ve babamı sıkıştırıp durduğum, bilgi öğrenip daha büyük şehirlere gitmek istediğim, öğretmenlerin güler yüzlü ve merhametli olmasını beklediğim okul burası mıydı? Onca sıkıntıyı, engeli, zorluğu bunun için mi aşıp gelmiştim? Bazı sabahlar azar işitmek, arada kulağı çekilmek, tahtada milletin önünde tek ayaküstünde suçlu gibi bekletilmek ve arada dayak yemek için mi?

Okuma hevesim azalıyor ve ilk başlarda çok yüksek olan o harika şevkim kırılıyordu. Hatta okuldan uzaklaşmaya ve derslerden soğumaya başlamıştım bile, hem de okula başlayalı daha bir ay bile olmadan.

Öğretmenliği severek yapan ve kendini mesleğine adadığı her halinden özellikle de güler yüzünden belli olan bazı öğretmenler ne yapıyorlardı biliyor musun? Onlar Sivrihisar'ın nerdeyse her köyüne gidiyor, ev ev, kapı kapı gezerek okuyacak kapasitesi olan veya okumak isteyip de fakirlik yüzünden okuyamayan öğrencileri buluyor, onları toplayıp okula getiriyorlardı. Laf olsun diye öğretmen olan ya da başka bir meslek sahibi olamadığı için, hiç olmazsa ufak bir öğretmen olayım diye düşünen öğretmenler de vardı. Sevimsiz ve itici davranışlarından böyle oldukları kolayca anlaşılabilen öğretmenlerin bazıları da köyünü ve ailesini bırakıp okula gelen, ilgi ve sevgi bekleyen sahipsiz ve kimsesiz çocuklara psikolojik ve fiziksel şiddet uygulayarak onları okuldan soğutuyordu.

MACERA PEŞİNDE

Bir gün 6-B sınıfındaki öğrencilerle sohbet ediyorduk. Adının Hüseyin olduğunu öğrendiğim bir çocuğun konuşmaları dikkatimi çekti. Güzel giyimi, ütülü takım elbisesi, güzel taranmış saçları, kibar konuşması ve gülümseyen yüzüyle farklı olduğunu ortaya koyuyordu. Ona karşı içimden gizli bir hayranlık duydum. O günden sonra teneffüslerde onun bulunduğu yerlere gitmeye ve onun olduğu ortamlara katılmaya daha çok dikkat ettim.

Gün geçtikçe çevreyi daha iyi tanıyor, arkadaşlığımızı geliştiriyor ve şehir ortamına uyum sağlamaya başlıyorduk. Artık okuldan sonra buluşup maç yapmalar, akşam gezmelerine çıkmalar, sokakta misket oynamalar çoğalıyordu.

Kasım ayının başlarıydı. Ben, ev sahibinin oğlu Yusuf, Kenan ve Özcan akşam ezanından sonra merkezdeki çay bahçesinde buluştuk. Hava soğuk olduğu için insanlar parkın içindeki kapalı cam bölümde oturuyordu. Biz dışarıdaki bir masaya oturduk. Yusuf'la Kenan kendi aralarında önce birkaç kaş göz işareti yaptılar, sonra da bizim duymayacağımız kadar kısık bir sesle, fısıltı halinde konuştular. Kenan camlarının yarısı soğuktan buğulanmış pencereye yaklaşıp dört parmağını kahveciye gösterdi ve eliyle çayı karıştırdığını gösteren bir işaret yaptı. Kahveci yüksek sesle "Dört çay mı?" diye sordu. Kenan başını evet anlamında salladı, sonra da bize dönüp "Haydi kaçalım" dedi. Şaşırmıştım. "Ne kaçması yaa?" diye tepki gösterdim. "Oğlum şaka olsun yaa, haydi kaçıyoruz."

Üçü birden çay bahçesinden çıkıp koşmaya başladı, tabii ben de arkalarından. Kahveci üzerinde dört bardak çay olan tepsiyle dışarı çıktı, baktı ki kaçıyoruz, tepsiyi olduğu yere bırakıp peşimizden koşmaya başlarken arkamızdan bağırdı: "Gelin lan buraya, eşşoğlu eşekler, nereye kaçıyorsunuz?"

Dördümüz de bizim sokağa doğru yöneldik. Nefes nefese koşuyorduk. Dış kapıya ulaştığımızda Yusuf tüm gücüyle tokmağa vuruyordu. Açan olmadı. Baktık ki kahveci sokağın başına göründü, diğerleri kapıyı bırakıp yeniden hızla kaçmaya başladılar. Ben nasıl olsa suçum yok diye olduğum yerde kaldım. Kahveci geldi ceketimin yakalarını tutup silkelemeye başladı.

— Niye yaptınız oğlum?

— Ben bir şey yapmadım ki.

— Nasıl yapmadın lan, sen de oradaydın ya.

— Tamam oradaydım ama ben söylemedim ki çayları, hem bak benim ceketimin rengi onlarınkine benziyor mu?

— Hanginiz söyledi peki, adı neydi, çabuk söyle, nereye gitti diğerleri?

O kadar korktum ki. Ben ne anlardım böyle yalan dolan şeylerden. Köyde olsa, canın çay mı istedi, git kahveye iç, paran mı yok, olunca veririm dersin olur biter.

— Söyle çabuk ne tarafa kaçtılar?

— Görmedim, ben kapıda duruyordum. Senin geldiğin tarafa bakarken onlar kaybolup gitmiş.

Adam baktı ki ben saf saf duruyorum, beni bıraktı ve onların peşinden koştu.

Kapının tokmağına birkaç kez daha vurdum, açılmadı. Demek ki bizimkiler akşam oturmasına gitmişti. Nasıl olsa bir suçum yok diye tekrar merkeze doğru yürümeye başladım. Onları merak ediyordum. Yavaş yavaş yürüyüp çay bahçesine yaklaştım. Bizimkiler ortalıkta yoktu. Yaklaşık beş dakika sonra ne göreyim. Kahveci, Kenan'ın kulağından tutmuş, diğerleri de yanında geliyorlar. Kahveci bizi korkutan kaba ve sert bir ses tonuyla bağırdı:

— Kimsiniz oğlum siz, niye böyle bir şey yaptınız, hırsız mısınız, soyguncu musunuz, yoksa eşkıyalığa mı özeniyorsunuz?

Hepimiz süt dökmüş kedi gibi sessizdik. Başımızı öne eğdik, hiçbirimizden çıt çıkmıyordu.

— Paranız mı yoktu, söyleseydiniz hepinize birer bardak çay verirdik.

Korkudan ve içine düştüğümüz utançtan ağzımızı bıçak açmıyordu.

— Okula gidiyor musunuz?

— Evet.

— Hangi okul?

— İmam-Hatip.

— Neee, İmam-Hatip mi? Allah sizin cezanızı vermesin e mi! Oğlum yakışıyor mu size ha? Biz çalışalım, İmam-Hatip açılsın, çocuklar okusun, dinini diyanetini öğrensin, doğru düzgün yetişsin diye uğraşalım ve siz de bunu yapın. Ayıp değil mi, utanmıyor musunuz? Haydi kuldan utanmıyorsunuz, Allah'tan da mı korkmuyorsunuz?

Adam konuşurken ben renkten renge giriyordum. Çok utanmıştım. Kahvecinin öfkesi o kadar büyüktü ki, kolay kolay da geçeceğe benzemiyordu. Yüzümüze bakarak hışımla bağırdı:

— Çıkarın lan çay paralarını.

Bizimkilerde para yokmuş. Bana döndüler. Korkumdan ve mahcubiyetimden elimi usulca cebime attım. İçmediğimiz dört çay için toplam dört lira vermek çok zoruma gitti. Adam demir paraları avucunda şıngırdatırken söyledikleriyle içime en büyük korkuyu saldı.

— Sizi okul müdürüne söyleyeyim de görün gününüzü. Bu çocuklar dinini, diyanetini öğrenmek için mi, yoksa milleti kandırmak için mi okuyorlar diye soracağım kendisine.

İşte bu son cümle bir bıçak gibi saplandı beynime. Ya gerçekten gidip müdüre söylerse ne yaparım ben, arkadaşlarımın, öğretmenlerimin ve ailemin yüzüne nasıl bakarım?

Kahveci bizi bırakıp gittikten sonra bizimkilere sordum:

— İyi de ben bu çayların parasını niye verdim şimdi? Oturup rahat rahat çayımızı adam gibi içseydik olmuyor muydu yani?

Yusuf'un cevabı beni oldukça üzdü:

— Sen de amma uyuşuksun haa, ne güzel bir macera oldu işte.

— Macera mı?

— Evet macera, ne güzel eğlendik. Biraz gözü açık ol be, gözü açık.

— Milleti kandırmak gözü açıklık mı oluyor şimdi?

— Bak içmediğin çayın parasını ödeyince senin de gözün açılmaya başladı.

Evet, haklıydı Yusuf, gözüm açılmaya başlıyordu. Bizim köydeki kadar temiz olmayan bir dünyayı görüyor, babaannem kadar içi dışı bir olmayan insanları tanıyor ve neyin doğru, neyin yanlış olduğunu kendi kendime sormaya başlıyordum.

Kenan, kahvecinin bizim sokakta beni görüp görmediğini sordu. Ben de, beni bizim kapıda yakaladığını, beni sıkıştırdığını, ama benim olayın içinde olmadığımı anlattım ve kendimi aklamak için, "Bak benim ceketimin rengi onlarınkine benziyor mu?" dediğimi ekledim.

Benimle dalga geçip gülmeye başladılar. "İyi de işlediğimiz suçla ceketinin renginin ne alakası var?"

İSLİ PORTAKALLAR

İlkokulu üçüncü sınıfa kadar okuyabilen Gülcan teyzem okuldan her gelişimizde dersimiz olup olmadığını sorar ve çalışmamızı isterdi. Şehre gelmiştik ama bizde televizyon yoktu. Televizyon zenginlerde ve memurların bazılarında vardı. Ekran siyah-beyazdı, yayınlar akşamüzeri başlar ve gece yarısı biterdi.

Bir cumartesi günü karşı komşumuza kömür geldi. Kocası sanayide çalışan Sebahat ablanın bir de bebeği vardı. Bize dedi ki, "Kömürü depoya taşırsanız sizi akşam bize davet ederim, kapanıncaya kadar televizyona bakmanıza izin veririm."

Kulaklarımıza inanamadık. Gülcan teyzem, yetiştirmeleri gereken ödevleri var televizyona bakmasınlar, diye karşı çıksa da biz hemen kabul ettik. Ben, Kenan, Hasan ve mahalleden iki arkadaşımız daha televizyonun karşısına oturup seyretmenin hevesiyle hemen kömür taşımaya giriştik. Bu arada Sebahat abla bizim eve geçti. Taşıyabileceğimiz kadar kömürü sokaktan alıyor, eve giriyor mutfaktan geçip arka bahçedeki depoya götürüyorduk.

Mutfakta beş katlı bir sebzelik vardı. Her bir gözünde farklı bir meyve çeşidi duruyordu: Kıpkırmızı elmalar, iri iri portakallar, mandalinalar, ayvalar... Yarım saat kömür taşıdıktan sonra yorulduk, alnımızdan ter akarken sebzeliğin yanına oturduk. Bizim böyle güzel meyveler alacak durumumuz olmadığı için teyzem pazarın bitmesine yakın gider kalan meyvelerden ucuza alırdı. Onlar da çoğunlukla, ezik, buruşuk ya da çürümeye yüz tutmuş olurdu. Buradakiler öyle göz alıcı ve iştah açıcıydı ki. Kömür taşımaktan is tutmuş ellerimize alıyor, biraz seviyor, elden ele dolaştırıp okşuyor, burnumuza kadar yaklaştırıyor, kokluyor ve yemeden tekrar yerine bırakıyorduk. Başkasına ait bir şeyi yemek gibi bir huyumuz olmadığı için bir elmayı ısırmayı, portakalı soyup yemeyi aklımızın ucundan bile geçirmiyorduk.

Zalim Sebahat abla da demiyordu ki, çocuklar yorulmuştur, iki portakal bir elma soyayım da çocuklara vereyim yesinler. Biz bir yandan yorgun argın kömürü taşıyor, bir yandan da Sebahat abla gelip biraz meyve verir diye umutla bizim kapının açılmasını bekliyorduk. Gelmedi cimri kadın. Tabii biz meyveleri üç-beş defa alıp elleyince bir de baktık ki portakallar is olmuş ve parmaklarımızın izi siyah bir şekilde portakalların üzerine çıkmış. Hasan'ın küçücük bedeni çabucak yoruldu ve dayanamayıp taşıma işinden vazgeçti.

Biz akşam seyredeceğimiz televizyonun heyecanıyla kömürün tamamını taşıdık. Son turu tamamladığımızda sebzeliğin yanına yine oturduk. Sebahat abla hâlâ ortalıkta gözükmüyordu. Elma ve portakalları biraz daha elleyip kokladıktan sonra umutsuzca ve bitkin bir şekilde kalkıp eve geçtik. Elimizi yüzümüzü yıkadık. Teyzem dedi ki, her tarafınız is olmuş, zencilere dönmüşsünüz sizi ancak hamam paklar. Televizyon seyretmek dururken hamam sırası mıydı şimdi? Hamama yarın da gidebilirdik.

Sebahat abla evine gittikten sonra biz büyük bir umutla kapının çalmasını ve onun haydi gelin demesini bekledik. İkindiden sonra her an çağrılacağımız beklentisiyle hazırlandık. Sanki saat de bizimle beraber kömür taşımış ve yorgun düşmüş gibi yavaş yavaş ilerliyordu. Teyzem, kadın çağırana kadar biraz ders çalışın, deyiverdi. Offfff, şimdi dersin sırası mıydı yani... Teyzemi kırmamak için Kenan'la yine de kitapları elimize aldık. Ben kitaba bakıyordum, kitap da bana bakıyordu. Gözüm sayfada, kulağım kapıda, daha doğrusu Sebahat ablanın sesinde.

Baktım gelen giden yok, yerimden kalkıp sokağı gören pencerenin önüne oturdum. Sebahat abla evinden çıkar çıkmaz onu görürüm ve o daha bizim kapıya gelmeden biz sokağa fırlarız diye düşündüm. Kapısı bir türlü açılmıyordu Bir süre sonra Sebahat abla kapıyı açtı ama bizi çağırmak için değil, işten erken gelen kocası Seyfi ağabey için. Teyzem sofrayı yere serdi ve yemeğe oturduk. Sol elimde bir dilim ekmek, sağ elimde bir kaşık, önümde tarhana çorbası ve aklımda televizyon.

Kapının tıklamasıyla beraber Kenan'la aynı anda yerimizden fırlayıp kapıya koşmamız bir oldu. Hasan, oh bee sonunda geldi diye sevincini dile getirirken kapıyı açtım. Aklım başıma geldikten sonra hatırladım yan komşumuz Emine teyzenin dediklerini:

— Yavrum, Gülcan kızım evde mi? İki kaşık salça isteyecektim de...

Geriye dönüp kendimi yaylı divanın üzerine öylece bıraktığımı hatırlıyorum.

Akşam ezanından sonra bir saat daha geçmesine rağmen Sebahat abla hâlâ gelmemişti. Acaba şimdi televizyonda ne vardır ki? Haberler mi, maç mı, çizgi film mi, film mi? Şimdi ne güzel seyrediyorlardır yaa.

Kenan daha fazla dayanamadı:

— Alişan.

— Nee?

— Niye çağırmadı bizi, söz vermişti.

— Bilmiyorum.

— Yoksa işi bitti diye unuttu mu?

— Yok yaa, unutur mu hiç?

— Unutmuştur bence, biz gidip bir soralım mı?

Teyzem lafa karıştı:

— Oğlum siz kafayı mı yediniz, bu saatte el âlemin evine gidip de rahatsız edilir mi, burayı köy mü zannettiniz?

— Kömürleri taşıtırken iyi miydi anne?

— Tamam, kadın söz verdi çağıracak, şu anda belki müsait değildir, gördünüz ya kocası da erken geldi.

— Olsun, ben yine de gidip soralım diyorum.

Kenan bana, sen sor dedi, ben de ona, sen sor dedim. Küçük bir zıtlaşmadan sonra ikimiz birlikte gitmeye karar verdik. Kapıya yaklaştığımızda heyecan doruktaydı. Ben daha fazla bekleyemeden tokmağı üç kere vurdum. İçerden Sebahat ablanın sesi geldi:

— Kim ooo?

— Biziz.

— Kuzum siz kimsiniz, diyerek kapıyı açtı.

— Şeyyy, abla, televizyona bakmak istiyorduk da.

— Ya bugün Seyfi ağabeyiniz erken geldi çok yorulmuş, bu akşam müsait değiliz.

— Demiştin ya kömürü taşırsanız televizyona baktırırım diye.

— Evet demiştim ama Seyfi'nin erken geleceğini bilmiyordum.

Ben duyduklarım karşısında donup kalmışken son cümlesini söyledi:

— Sizi başka bir zamanda çağıracağım tamam mı? Haydi iyi akşamlar, Gülcan ablaya selam söyleyin.

ÖYLE BİR DAYAK YEDİM Kİ

Kur'an-ı Kerim dersindeydik. Öğretmen, geçen hafta verdiği ezber ödevlerini yapıp yapmadığımızı kontrol ediyordu. Kur'an-ı Kerim dersine abdest alarak girmek gerekiyordu, çünkü Kur'an'ı abdestsiz okumak, hatta ellemek bile yasaktı. Sınıf listesinden sırayla adımızı okuyan öğretmenimiz Ayete-l Kürsi'yi okutturup dinliyordu. Sıra bana yaklaşırken içimi bir heyecan kapladı. Evde tek başıma ezbere okuyordum ama birinin yanında dilim tutulur da hatırlayamam diye korkuyordum. Sıra benden önceki arkadaşımdayken kapı açıldı ve okul müdürü öfkeli bir suratla içeri girdi. Öğretmenden izin isteyip Özcan'ı tahtaya çağırdı. Bizi sindiren otoritesi, bir şeye kızdığı anlaşılan bakışları karşısında kimseden çıt çıkmıyordu ve hiçbirimiz neler olduğunun farkında değildik. Müdür, Özcan'a baktı ve kızgın bir sesle sordu:

— Çaylar açık mıydı, demli miydi?

Soruyu duyar duymaz sanki birileri, kahvecinin beynime sapladığı bıçağı yerinden oynattı, ağzımdan usulca bir eyvah çıktı. Özcan anlamamazlıktan geliyordu:

— Hangi çay öğretmenim?

— Numara yapma oğlum, parkta içtiğiniz, daha doğrusu içemeden kaçıp gittiğiniz çay.

Özcan'ın başı öne eğildi. Müdür sesini yükselterek sertçe sordu:

— Diğerleri kimdi?

— ...

— Kimdi diğerleri?

Özcan'dan ses çıkmıyordu. Müdür elini aniden kaldırıp suratına tokadı yapıştırırken yeniden sordu:

— Adlarını söyleyerek teker teker çağır buraya.

Özcan ağlamaya başladı. Gözyaşları yanaklarından süzülüp ceketinin yakalarına düşerken ağzından fısıltı halinde isimler dökülmeye başladı:

— Yusuf.

— Başka?

— Kenan.

— Başka?

— ...

Özcan'ın ağzından isimler çıkarken yerimde yaşadığım korkuyu tahmin edebiliyor musun? Titremeye başladım. Sanki ilkokuldaki Savaş Öğretmen kalkıp sınıfa gelmişti.

— Öbürü kimdi?

— ...

Özcan susmaya devam ediyordu, anlaşılan benim adımı söylememekte kararlıydı. Müdür duvarda asılı duran küçük kitap dolabının üzerinde bulunan bir metre uzunluğundaki tahta cetveli aldı, Özcan'a yaklaştı ve aç elini diye bağırdı. Tekrar sordu:

— Son defa soruyorum diğeri kimdi?

— Alişan'dı.

Adım Özcan'ın ağzından çıkar çıkmaz sanki başımdan aşağı bir kova kaynar su döküldü. Umutsuzca yerimden kalktım, tutmayan ayaklarımı sürükleyerek tahtaya, diğerlerinin yanına doğru yürüdüm. Dördümüz yan yanaydık. Yüzümüz sınıfa dönük ve başımız öne eğik.

— Şimdi anlatın bakalım o akşam neler olduğunu, anlatın ki arkadaşlarınız da öğrensin.

Kenan o akşam olanları bir bir anlattı. Müdür Kur'an-ı Kerim öğretmenine döndü:

— Hocam biz bunları boşuna okutuyoruz, Allah bu kitabı okuyup emirlerine uymamız ve yasaklarından kaçınarak adam olmamız için yollamış, bunlardan hiçbir halt olmaz. Sen durma din-iman, dürüstlük, hak-hukuk, ahlak ve ahiret anlat. Duydun değil mi yaptıklarını? Mal bunlar mal.

Müdür bir yandan bize bağırıyor, diğer yandan da sınıfa ahlak dersi vermek için öğütlerini sınıfın üzerine kasırga gibi estiriyordu.

— Şimdi söyleyin bakalım, bunlara nasıl bir ceza verelim?

Sınıfa herkesi korkutan bir sessizlik çöktü. Başta tahtanın önünde bekleyen biz dört kişi olmak üzere tüm öğrencilerin üzerinde dışarıdan bakan herkesin fark edebileceği bir korku hâkimdi. En başta duran Yusuf'a yaklaşıp bağırdı:

— Aç ellerini.

Yusuf denileni çaresizce yerine getirdi.

— Şimdi de parmaklarını büzüştür.

Vicdansız adam bir metrelik tahta cetveli havaya doğru kaldırıp büyük bir hınçla indirdi Yusuf'un parmaklarına. Aynı işlem Özcan ve Kenan'la da devam etti. Sıra bana gelirken titremeye başladım. Gözyaşlarım boncuk boncuk akıyordu.

— Senden hiç beklemezdim Alişan, sen niye bunlara uydun oğlum?

Ağzımı açacak ve iki kelime söyleyecek hal kalmamıştı bende.

— Öğretmenim şeyyy, ben...

— Kes lan, bir de utanmadan cevap veriyor.

Sustum. Müdür cetveli önce sağ elime, sonra da sol elime öyle bir indirdi ki... O an sınıftan dışarı kaçmak, bahçeye çıkıp "Alın okulunuz sizin olsun" diye bağırmak ve okulu bırakıp köye dönmek geldi.

Hiçbirimizde sınıfa bakacak yüz kalmamıştı. Müdür, macera olsun diye kahveciye dört çay söyleyip kaçan dört çocuğa dilinden düşürmediği ahlak dersini vermiş olmanın rahatlığıyla sınıftan çıkıp gitti.

Birkaç gün gözlerim yere bakarak yürüdüm, başımı kaldırıp arkadaşlarımın yüzüne bakmaya utanıyordum. Hiç istemediğim halde macera peşinden koşan Yusuf yüzünden hem ailemden öğrendiğim ahlaka ve kişiliğime uymayan bir davranışta bulunmuştum hem de bu davranıştan dolayı dayak yemek ve sınıfın önünde rezil edilmek suretiyle hak etmediğim bir şekilde cezalandırılmıştım.

Sınıfta yaşadığımız ve uzun süre konuşulan bu olaydan sonra müdürün yaptıkları ve söyledikleri beynimin içinde uğuldarken aklıma bir soru takıldı. Ne demişti müdür, "Allah bu kitabı okuyup emirlerine uymamız ve yasaklarından kaçınarak adam olmamız için yollamış, bunlardan hiçbir halt olmaz. Sen durma din-iman, dürüstlük, hak-hukuk, ahlak ve ahiret anlat."

"Kitabı okuyup emirlerine uymamız için..."

İyi de biz Allah'ın kitabını anlamak için hiç okumuyor, aksine anlamadığımız bir dilde üstününe ve esresine kadar tecvit kurallarına göre ezberliyor, ezberlediğimizi de öğretmenimize tekrar ediyor, ezberlediğimiz ayetlerde Allah'ın bize ne dediğini yine de anlamıyorduk.

EL ÂLEMİN ÇOCUKLARI

Okulda öğretmenlerin öğütlerinden, evde de teyzemin sürekli olarak "Haydi çalışın, dersiniz yok mu, ne diye boş boş oturuyorsunuz" gibi ikazlarından sıkılmaya hatta bunalmaya başlamıştık. Ben okumaya çok hevesliydim. Kendimce kafamda oluşturduğum büyük hayallerim vardı.

Teyzem de kendi çocuklarına dair büyük hayallere sahipti. Sık sık hayırlısıyla okulu bitirseniz, şöyle bir memur olsanız, her ay maaşınızı alsanız, beni de o sefil köyden kurtarsanız, diye konuşmaya başlar ve bize offfff çektirene kadar devam ederdi. En çok istediği şey de sigortalı olmamızdı. "Memur olursanız sırtınızı devlete dayıyorsunuz, hastanelerde parasız muayene oluyorsunuz, ilaçları bedava alıyorsunuz. Ben Gülşen yengeye sordum, beni de üzerinize yazdırabiliyormuşsunuz, belediyede zabıta memuru olan kocası söylemiş."

Başka bir akşam yemekten sonra yine başlardı: "Şu zahirecilerin torunu İsmail var ya devamlı ders çalışıyormuş, evden dışarı çıkmıyormuş, annesiyle babası onu akşam oturmalarına bile götüremiyorlarmış, çocuk ders diye ölüyormuş. Üstelik evlerinde televizyon da yokmuş, siz de televizyon seyredebilmek için hiç üşenmeden iki ton kömürü bile taşıyorsunuz. Hani ders için ne yaptınız, top diye öleceksiniz soyhalar, misket oynayacağız diye sokaktan eve bile girmiyorsunuz. Eğer karnenizde kırık olursa biz o köye nasıl döneriz? Dedikoducu köylülerin arasına hangi yüzle çıkarız? 'Gülcan, çocukları okutmak için şehri boşu boşuna bekliyor, çocuklar haylaz, baksana bir sürü zayıfları var' demezler mi?"

Teyzem bu sözleri çocuklarına sert bir şekilde söyledikten ve onların canını sıktıktan sonra bana döner ve kızgın sesini yumuşatmaya çalışarak, "Tatlım sen de derslerine iyi çalış olur mu, bak baban seni bana emanet etti" derdi. Bu durum özelikle Kenan'la aramıza soğuk bir havanın girmesine neden olurdu. Ben hem onların evinde kalıyorum hem de ev sahibinden daha güzel sözler duyuyorum.

Teyzemin beni öne çıkarması farklı ortamlarda da devam ederdi. Mesela sofrada yemek yiyoruz, ortada geniş bir tabağa konulmuş tavuk var. Teyzem önce yemem için ısrar eder, bakar ki ben oralı olmuyorum, hemen tavuğun budunu ve beyaz etlerini çatalla benim önüme doğru iterdi. Bir iş mi yapılacak, önce Kenan'a söyler, fırından ekmek mi alınacak, önce ona söyler, sobaya kömür mü atılacak, önce ona söyler. Dolayısıyla Kenan kendisini ikinci plana itilmiş birisi olarak düşünürdü. Dışarıya karşı belli etmese de ben onun içten içe bana öfkelendiğini hissederdim.

Sonunda daha fazla dayanamayıp bir gün çok feci bir şekilde patladı.

Arada çok komik olaylar da yaşadığımız oluyordu.

Bir gün, köyde kalan Celal enişteme bir sepet sebze göndermek için köy minibüslerinin bulunduğu garaja giden teyzem eve dönerken bir öğrenci topluluğunun caddeden geçtiğini görüyor. Bakıyor ki bir öğretmen öğrencisini kucaklamış, diğer öğrencilerin alkışları arasında havaya atıp tekrar tutuyor. Öğretmen aynı hareketi çocukların, yaşa, helal sana, seninle gurur duyuyoruz, tezahüratları arasında birkaç defa daha yaptıktan sonra çocuğu omuzlarına alıp öylece yürüyor.

Okuldan geldiğimizde baktık teyzem hem biraz sinirli hem de dokunsan neredeyse ağlayacak. Kenan havayı yumuşatmak için, "Ne o anne hayırdır, yoksa babamı mı özledin?" deyince teyzem ağlamaya başladı. Bir yandan da konuşuyordu:

— Biz boşuna uğraşıyoruz, sizin okumaya mokumaya niyetiniz yok. Bir gün siz de benim yüzümü güldürür müsünüz, ben de sokakta koltuklarım kabararak yürür müyüm acaba? Siz ancak gidip top oynayın, ders mers yapmayın.

— Ne oldu anne yine ne yaptık ki?

— Susun, konuşup durmayın bir de.

— Yahu ne oldu yine?

— Minibüsün yanından gelirken çocuklar gördüm. Öğretmen birini havaya atıp kucaklıyordu. Sonra omzunda taşıdı. Demek ne kadar çalışkan bir çocuk ki omuzlarda taşınıyor. Anası babası nasıl da gurur duymuştur. Ben de o günleri görür müyüm acaba?

Sustuk. Teyzemin bizi sürekli başka çocuklarla kıyaslaması zorumuza gidiyor ve ders yapma hevesimizi kırıyordu. Bir süre konuşmadık. Aradan yarım saat geçtikten sonra Hasan'la Züleyha okuldan geldiler. Züleyha evdeki ortamın nasıl gergin olduğunun farkına varmadan neşeli sesiyle konuştu:

— Bilin bakalım bugün okulda ne oldu?

Teyzemin sesi endişeliydi:

— Kim bilir ne haltlar karıştırdınız? Sanki bana takdir aldınız.

— Evet anne takdir almaktan daha iyi bir şey oldu.

Hepimiz merakla Züleyha'ya döndük:

— Hasan bugün derste çok iyiymiş, öğretmenin sorduğu her soruyu bilmiş, öğretmen de ona aferin demiş. Sonra çocukları alıp gezmeye götürmüş. Hatta Hasan'ı sokakta havaya atmış, omzunda taşımış, diğer çocuklar ağzı açık bakmışlar.

Gözümün ucuyla teyzeme baktım, az önceki üzüntüsü gitmiş ve keyfi yerine gelmişti. Pek belli etmiyordu ama ne kadar çok sevindiği gözlerindeki ışıltıdan ve dudaklarındaki gizli gülümsemeden anlaşılıyordu. Yerinden kalktı, haydi siz biraz oturun, ben Eminelere gideyim biraz dedi ve gitti. Kenan'a dedim ki, eğer bu benim teyzemse ve ben de onu tanıyorsam şimdi kesin gidip Hasan'ın başarısını ballandıra ballandıra anlatacak.

Canımız ders yapmak istemiyordu, teyzem de komşuya gidince rahat bir nefes aldık ve evin içinde maç yapmaya başladık. Maç da nasıl bir maç biliyor musun? Topumuz yoktu, biz tutar, yün çorapları yuvarlak olacak şekilde iç içe geçirir, onlardan top yapar ve evin içinde birbirimize atarak maç yapardık. Tabi ev nasıl olurdu, teyzemin deyişiyle ahır gibi.

Biraz oynadıktan sonra yorulduk ve oturduk. Canım meyve istedi ve bunu Kenan'a söylediğimde, "Benim de canım istedi haydi yiyelim" dedi. Kalktık. Teyzem haftada bir pazara çıkar ve aldığı meyveleri bir hafta yetsin diye idareli kullanır, yani azıcık yedirir kalanını da bir sepete koyup tavana asardı. Tabi biz küçük olduğumuz için boyumuz sepete ulaşmaya yetmezdi. Evde beş çocuk meyve yemek için seferber olduk çareler aramaya başladık. Kenan, benden güçlü olduğu için yere çöktü, beni omuzlarının üzerine aldı, yeniden ayağa kalktı ve sepetin altına doğru ilerledi. Ellerimi uzattım ama sepete dokunamadım. İkimiz üst üste çıkmamıza rağmen bir adam boyuna ulaşamamıştık.

Züleyha'nın teklifiyle masaya çıktım, yine ulaşamadım. Kenan, aklıma başka bir çözüm geldi, dedi. Sandalyeyi aldı, masanın üzerine yerleştirdikten sonra önce masaya, sonra da masanın üzerindeki sandalyeye çıktı ve elini sepete uzattı. Bu sefer sepete dokunabildi ama onu asılı olduğu çividen kurtarıp indiremiyordu. Ne yapsak, ne etsek meyvelere ulaşamıyorduk. Bir baktık Hasan elinde kalın bir yastıkla yanımızda. Bunu da sandalyenin üzerine koyup öyle dene, dedi. Gözünün önüne getirebiliyor musun: Kırma bacaklı bir masa, onun üzerine konulmuş ahşap bir sandalye, onun üzerine konulmuş bir yastık, onun üzerine çıkıp tavanda asılı meyve sepetini indirmeye çalışan Kenan.

Kenan yastığa basarken biraz endişeliydi. Ya ayağım kayarsa, dedi. Ben seni tutarım, bir şey olmaz, dedim ve o ayakları üzerinde dikilmeye çalışırken bacaklarına sarılıp sımsıkı tuttum. İki elini sepetin içine doğru uzatıp meyveleri almaya çalıştıysa da yine olmadı. Bu sefer sepeti alttan kavrayarak tutuyor ve asılı olduğu yerden kurtarmaya çalışıyordu. Bacakları titriyordu. Tam o sırada ne oldu biliyor musun?

Divanın üzerinde uyuyan Merve çıkardığımız gürültüden uyandı. Uykulu gözlerle bize bakarken "Napıyorsunuz yaa?" diye sordu. Hasan gülerek "Elmaportakal yiyeceğiz" dedi. Merve, "Sizi anneme söyleyeceğim" der demez Kenan'ın bacakları titredi, ben korktum ve o panikle dizimi masaya çarptım. Kenan dengede kalmak için bir iki çabalasa da başaramadı ve sıkıca tuttuğu sepeti bırakamadan bir ileri bir geri sallandı, derken hooop aşağıya. Masa devrildi, sandalye yattı, ben düştüm. Kenan üzerime, sepet de Kenan'ın üzerine ve meyveler ortalığa saçıldı. Bir bağrış, bir çağrış, bir curcuna, görmeliydin o anı. Allah'tan bir iki sıyrık dışında hiç kimseye ciddi bir zarar gelmedi.

Peki, meyveleri yiyebildik mi? Maalesef hayır, Merve teyzeme söylerse mahvoluruz diye elimizi bile sürmedik, hepsini toplayıp sepete doldurduk ve yerine astık. Allah'tan sepeti yerine asmak, onu asılı olduğu yerden çıkarmak kadar zor olmadı.

HAYATIMDA ALDIĞIM İLK MEKTUP

Pınar Öğretmen sınıfa girdiğinde bir elinde çantası diğer elinde ders kitabı ve ders kitabının üzerine koyup düşmesin diye başparmağı ile sıkıştırdığı bir mektup vardı. Çantasını sandalyenin sırt kısmına astı, diğer elindeki kitap ve mektubu masasının üzerine bırakıp oturdu. Yoklamayı aldıktan sonra yerinden kalkıp "Nasılsınız çocuklar?" diyerek, üç sıra şeklinde dizilmiş masaların arasındaki iki koridoru da ağır ağır gezinirken hepimizin gözlerine bakıyor ve bize güven veriyordu. Zaten, okuduğu şiirler ve anlattığı hikâyeler çok hoşuma giderdi. Ömer Seyfettin'in hikâyelerini okurken çok duygulanırdım.

Tekrar öğretmen masasına döndüğünde "Alişan, gel bakalım buraya" dedi. Eyvah sözlü sınav mı yapacak, diye isteksiz bir şekilde yerimden kalkarken masasının üzerindeki mektubu alıp bana uzatınca şaşırdım. "Sana sevineceğin bir haberim var" deyince iyice heyecan yaptım. Askerde ne ağabeyim ne amcam ne de dayım vardı. Kim bana mektup gönderir ki diye düşünürken elime aldığım mektubu incelemeden tahta ile öğretmen masasının arasında hazır ol vaziyette beklemeye başladım. Pınar Öğretmen "Yerine geçebilirsin" deyince mektubun kimden geldiğine bakamadan sırama doğru yürümeye başladım. Yerime oturdum ve zarfın üzerine baktım. Gönderenin adını görünce gözlerime inanamadım. Hem sevinmiş hem de çok şaşırmıştım.

Kalbimin güm güm atışını nasıl sakinleştireceğimi bilemedim ders boyunca. Defterimin arasına koyduğum zarfa baktıkça aklım ilkokul sıralarına gidiyordu. Onunla birlikte yaşadıklarımız gözlerimin önüne geliyor, korkuyla sevincin karışımı bir duygunun içinde kayboluyordum. Mektubu şimdi açıp okusam Pınar Öğretmen'e ayıp olurdu. Ders de bitmek bilmiyordu ki...

Zil çalıp da öğretmen sınıftan çıkınca arkadaşlarımın bazıları yanıma üşüştüler. Sorular ardı arkasına geliyordu. "Köyden mi geldi, kardeşin mi yazmış, piyango mu çıkmış, yoksa bir kızdan mı, haydi söylesene kim yazmış?" Zarfı çıkardım, posta pulunun üzerindeki mühürde Eskişehir yazıyordu, gönderen bölümünde de Suna Başaran.

Bizimkilerin meraklı sorularının ardı arkası gelmiyordu:

— Söylesene oğlum kim o, akraban mı, kim o, haydi yaa, çatlatma insanı, okulda ilk defa sana mektup geldi, söylemediğine göre var bir şeyler.

— İlkokul arkadaşım.

— İlkokul arkadaşın mı, peki Eskişehir'de ne geziyor?

— Orada okumaya gitti.

Dışarı çıkıp arkadaşlarımdan uzaklaşarak bahçenin köşesindeki bir kaya parçasının üzerine oturdum ve mektubu yırtmamaya çalışarak dikkatlice açtım.

Sevgili Arkadaşım Alişan,

Satırlarıma başlamadan önce selam eder, büyüklerin ellerinden, küçüklerin gözlerinden öperim. Senin de ellerinden sıkarım. Nasılsın, iyi misin? İyi olmanı hepimizi yaratan Cenab-ı Allah'tan dilerim. Sen de beni soracak olursan Allah'a şükür iyiyim. Orada havalar nasıl? Bizim buraları soracak olursan havalar iyi, arada bir yağmur yağıyor.

Biliyorsun köyden göçüp Eskişehir'e geldik. Babam Emek Mahallesi'nde bir ev tuttu. Evimiz de iki oda, bir de salon var. Tuvaletin evin içinde olduğunu gördüğümde çok şaşırdım. Babam beni eve yakın olan ortaokula yazdırdı. Bir görsen okul çok büyük, hani köyde bizim sınıfta yirmi beş kişi vardı ya buradaki sınıflarda ellişer altmışar kişi var. Bazen sınıfta çok gürültü oluyor ve öğretmenin konuştuklarını duyamıyorum, duysam bile tam olarak anlamıyorum.

Canım arkadaşım, bizim derslere sekiz tane değişik öğretmen giriyor. Öğretmenlerimiz iyi ama ben daha Melek Öğretmen'imiz kadar iyi olan birine rastlamadım. Onu o kadar özledim ki, derslerde aklıma geliyor ve bazen dalıp gidiyorum. Hatta geçen bir öğretmen, kızım ne dalıp dalıp gidiyorsun, dersi dinlesene, diye beni azarladı. Buradaki öğretmenlerin bazıları bize kızıyor ama hiçbiri Savaş Öğretmen kadar ürkütücü değil. Arada bazıları yaramaz öğrencileri dövüyor ama ben daha hiç dayak yemedim.

Ben dersleri köydeki gibi yerde oturarak çalışmıyorum, babam kırma bacaklı bir masa aldı, ödevlerimi masanın üzerinde yapıyorum.

Hani İbrahim amcanın oğlu Tahsin vardı ya, işte o da bizim okulda ama başka bir sınıfta. Onunla bir iki defa karşılaştık ama daha konuşmadık.

Ben artık buraya alıştım, yabancılık da çekmiyorum. Derslerime severek çalışıyorum. Zaten aklıma hep Melek Öğretmen geliyor ve bana dediği, "Suna canım sen çok iyi bir doktor olursun ve güler yüzünle hastaları daha çabuk iyi edersin" sözleri kulaklarımdan hiç gitmiyor. Ona verdiğim sözümü tutacağım ve doktorluğu kazanmış olarak karşısına çıkacağım.

Hep kendimi anlattım. Seni unuttuğumu zannetme. Okuluna alıştın mı, senin öğretmenlerin nasıl, sevdin mi onları, iyi anlaşabiliyor musun? Savaş Öğretmen gibi öğrencileri dövüyorlar mı, yoksa Melek Öğretmen gibi seviyorlar mı?

Tatilde köye gidersin değil mi? Babam çalışıyor ama biz annemle geleceğiz ve anneannemlerde biraz kalacağız. İnşallah seninle de görüşürüz.

Şimdilik yazacaklarım bu kadar. Sen de bana yaz olur mu? Ev adresini bilmediğim için okula yazdım. İnşallah eline geçer.

Satırlarıma burada istemeyerek son verirken tekrar selam eder büyüklerin ellerinden, küçüklerin gözlerinden öperim. Senin de ellerinden tekrar sıkarım.

Seni çok seven arkadaşın Suna Başaran.

Kestane kebap

Yemesi sevap

Beklerim acele cevap.

Suna'nın mektubuna çok sevindim, bir o kadar da duygulandım. İlkokulda birlikte geçirdiğimiz beş yıl canlandı gözlerimin önünde. Savaş Öğretmen'in bizi soba maşasıyla merhametsizce dövmesini, benim sınıfın önünde ağlamamı, onun tahtada altına kaçırmasını ve bir daha okula gelmemesini düşününce sanki korkularım geri geldi. Melek Öğretmen'in gelmesi, bizi sevip şefkatle bağrına basması, kafamızda hayaller oluşturması, içimize sevgi ve başarı tohumları ekmesi, ortaokula gitmemiz için bizi teşvik etmesi, evimize kadar gelip ailemizle konuşması ise içimdeki okuma hevesini yeniden güçlendirdi.

Bunlara benzer yaşadığımız daha birçok şey bir bir canlandı gözümün önünde.

Suna'nın mektubunu defalarca okudum, neredeyse ezberledim. Hafta sonu ben de Suna'ya bir mektup yazdım.

Sevgili Suna,

Gönderdiğin mektubu aldım ve çok memnun oldum. Ben de satırlarıma başlamadan önce üzerime farz olan Allah'ın selamını gönderiyor büyüklerin ellerinden ve küçüklerin gözlerinden öpüyorum. Allah'a şükür iyiyim. Mektubunda yazdığına göre sen de iyisin.

İki gün önce Türkçe öğretmenimiz mektubunu sınıfta bana verdi. O kadar çok sevindim ki sevincimi anlatamam. Arkadaşlarım hemen başıma toplandılar ve mektubu kimin yazdığını merak ettiler. Okulumuz yeniya ilk gelen mektup senin bana yazdığın oldu.

Ben de alışmaya çalışıyorum. Ben teyzemlerin evinde kalıyorum. Tek odalı evde beş kişiyiz, bir de teyzem altı kişi. Eve zor sığıyoruz ama olsun idare ediyoruz işte. Sen şimdi kendi evinde nasıl rahatsındır değil mi? Doğrusunu istersen ben kendimi biraz sığıntı gibi hissediyorum. Teyzem beni kendi çocuklarından ayırmıyor hatta onlardan üstün tutuyor ama ben yine de bazen köye dönmek istiyorum. Bizim de bazı öğretmenlerimiz çok iyi ama bazıları bizi hiç sevmiyorlar.

Ben tatilde köye gideceğim. Annemi, babamı, kardeşlerimi, ebelerimi, dedemi, koyunları, kuzuları o kadar çok özledim ki anlatamam. Seni de özledim, keşke aynı okulda okusaydık.

Biliyor musun bizim okul İmam-Hatip olduğu için hiç kız yok. Okulda sadece iki sınıf var ve toplam seksen kişi. Biz okulun ilk öğrencileriyiz.

Mektubuma değil satırlarıma burada istemeyerek son verirken sana başarılar diliyorum. Annenle babana selam eder ellerinden öperim.

Bana her zaman yaz olur mu Suna.

Arkadaşın Alişan.

Suna'dan aldığım mektuba önce çok sevinmiştim ama mektubu birkaç defa okuduktan sonra üzülmeye başladım. O, ne güzel kendi evlerinde kalıyordu ve annesiyle, babasıyla, kardeşleriyle birlikteydi. Ben teyzemlerin evinde kalıyordum ve ailemden uzaktaydım. Gurbette olmak bana zor geliyordu. Gerçi kiranın yarısını babam verdiği için ev ortak sayılırdı ama olsun onlar dört kardeşti ben tektim. Kenan başkasının yanında bana iyi davransa da, baş başa kaldığımızda bana sert konuşuyor ve beni azarlıyordu.

Bir keresinde mahalledeki çocuklarla misket oynarken Kenan'a değil de ortaokulda okuyan Osman'a hak vermiştim. "Niye beni tutmuyorsun?" diye öyle bir bağırdı ki, arkadaşlarımızın yanında sustum ve gıkımı bile çıkaramadım. Hırsını alamayıp daha da öfkelendi. "Başkasına karşı beni kayırman gerekmiyor mu?" diye sordu. Ben de cılız bir sesle, "Yoo gerekmiyor, çünkü sen haksızsın" dedim. Bana küstü. "Tamam ya tamam, zaten kimsenin gözünde değerim yok, hiçbir yerde yok. Evde de öyle, annem ayrım yapıyor ve hep seni üstün tutuyor. Bıktım ya bıktım. İstemiyorum bir şeyi tamam mı, hiç kimseden hiçbir şey istemiyorum, git buradan."

Kenan son söylediği cümlede haklıydı. Evet, teyzem bana daha iyi davranıyor, benimle konuşurken daha yumuşak bir ses tonuyla konuşuyor ve ne varsa en iyisini bana yedirip içirmeye çalışıyordu. Ben böyle yapmasını istemiyordum ama o yine de yapmaya devam ediyordu. Bu da Kenan'ın zoruna gidiyordu. Böyle bir şeyi annem bana yapsa benim de zoruma giderdi.

BABA BENİ KURTAR

Son zamanlarda yaşadığım bazı durumlar beni iyice bunaltmaya başlamıştı. Bazı öğretmelerin kötü yaklaşımları beni okuldan soğutuyor, bazılarının bize hiç söz hakkı tanımadan ders boyunca sürekli konuşması beni derslerden uzaklaştırıyordu. Teyzem her ne kadar çok iyi davransa da Kenan'ın beni istemediğini söylemesi beni sığıntı gibi hissettiriyordu. Bazı arkadaşlarımın arada bir dalga geçip alay etmesi de okula ısınmamı zorlaştırıyordu. Bütün bunların üstüne bir de köy hasreti eklenince okuldan ayrılıp köye gitmeye karar verdim.

Köye kendim gitsem, milletin diline düşerim diye çekindim. Köylülerin konuşacağı laflar geldi aklıma. "Okuyamadı da, babası o kadar masraf etti de, hâlbuki kendisi önce ne kadar istiyordu da, demek çocukta kafa yokmuş da, okumayacağı belliydi de, sülalede kim okudu da bu okuyacak da..." En çok da Aynur'un yüzüme çarpacağı laflar gözümü korkutuyordu. O yüzden köye gidişimi haklı çıkaracak bir çare bulmalıydım.

Birkaç gün düşündükten sonra aklıma bir çare geldi. Babama mektup yazmak. Teyzemin beni ders çalışıyorum zannettiği bir gün oturup uzunca bir mektup yazdım.

Sevgili Babacığım,

Mektubuma başlamadan önce üzerime farz olan Allah'ın selamını gönderir, büyüklerin ellerinden, küçüklerin gözlerinden öperim. Nasılsınız, iyi misiniz? İyi olmanızı hepimizi yaratan Yüce Allah'tan dilerim. Köyde havalar nasıl iyi mi, havalar soğudu mu, sobayı kurdunuz mu?

Beni soracak olursan ben iyi değilim. Neden diye sorarsan, ben artık okula gitmek istemiyorum, buradaki öğretmenlerin bazıları hiç iyi değil, bize kızıp bağırıyorlar, bazıları da çok feci dövüyorlar. Okul müdürü bizi tahtaya çıkardı ve sınıfın önünde cetvelle dövdü, parmaklarım kızardı ve dört-beş gün çok sızladı.

Evde de huzurum yok, teyzem bana iyi bakıyor ama Kenan'la geçinemiyoruz. Bana bağırıyor, beni dövmeye kalkıyor. Geçen hafta beni kovdu. "Git buradan, seni istemiyorum" dedi. Baba, ben burada kendimi yalnız, garip, sahipsiz ve kimsesiz hissediyorum. Sanki hiç kimsem yok. Her akşam yorganı başıma çekiyor ve kimseye belli etmeden usul usul ağlıyorum. Beni niye bu gurbet ellere attın ve yalnız başıma bırakıp gittin? Seni, anamı, ebemi ve kardeşlerimi çok özledim. Ben okula gitmek istemiyorum, Kahraman ve Nurgül'le oynamak istiyorum. Buradaki dersler de köydeki gibi değil, çok zor. Matematik ve fenden anlamıyorum, hele İngilizce diye bir ders var, hiç aklıma girmiyor.

Yalvarırım beni bu cehennemden kurtar. Ben köye geri gelmek istiyorum. Vallahi çok çalışırım, kuzu güderim, ahırı temizlerim, koyunlara bakarım hatta gece yemlerini bile kendim veririm. Sen yeter ki gel ve beni buradan alıp götür. Ne olur baba, sesimi duy, neler çektiğimi anla ve beni almaya gel.

Satırlarıma burada son verirken, tekrar selam eder büyüklerin o pamuk ellerinden ve küçüklerin gözlerinden öperim.

Seni burada hasretle bekleyen oğlun Alişan.

Mektubu gizlice yazdım ve bir gün sonra kimseye haber vermeden gidip bizim köyün minibüsüne verdim. Artık babamın neler çektiğimden haberi olacaktı ve en kısa zamanda gelip beni bu cehennemden kurtaracaktı. Dikkatimi derslerden ve okuldan çok, buradan çekip gideceğim günün hayaline odaklamıştım.

Ben babamın mektubumu alır almaz geleceğini ve beni buradan kurtarmak için alıp köye götüreceğini zannediyordum ama babam o hafta gelmedi, ikinci ve üçüncü hafta da gelmedi. Ben merakla ve umutla beklemeye devam ediyordum.

OKUL MÜDÜRÜ MAÇA GELDİ

Beden eğitimi öğretmenimiz Oktay Bey bir gün dedi ki, "Çocuklar hafta sonu 6-B sınıfı ile maç yapmaya ne dersiniz?" Sınıfça alkışlar eşiğinde "İsteriiiiiz" diye tezahürat yaptık. Ben çok sevindim, çünkü farklı insanlar tanıma ve yeni arkadaşlar edinme imkânım olacaktı.

Cumartesi sahaya gittiğimde gözlerime inanamadım. Okul müdürü, müdür yardımcısı ve bazı öğretmenler de oradaydı. Meğerse beden eğitimi öğretmenimiz hafta sonu maçı için haber vermeye gittiğinde Müdür Bey sevinmiş, hatta "Biz de öğretmen arkadaşlarla birlikte geliriz" demiş. Oktay Bey de sürpriz olsun diye bize söylememiş. Gülmeyen suratı, insana ürküntü veren otoriter sesi ve ciddi duruşuyla yanına yaklaşmaya çekindiğim müdürü görünce biraz tırstım ama yapacak bir şey yoktu. Arkadaşlarımı orada bırakıp gidecek ya da müdüre, "Seni istemiyoruz, git buradan" diyecek halim yoktu ya.

Takımlar kuruldu, ben biraz çelimsiz olduğum için kaleye geçtim. İki öğretmen ve müdür yardımcısı karşı takıma, başka iki öğretmen ve müdür de bizim takıma geçmişti. Maç başladığında garip duyguların etkisi altındaydım. Okulda bize bağıran ve bazen de bizi döven müdür şimdi atak yaptığında diğer sınıfın savunması karşısına çıkabilecek miydi, ya da bizi disipline sokmak için ciddi ciddi nutuk atan müdür yardımcısı bizim kaleye şut çektiğinde ben topu kurtaracak mıydım?

Belki sen bu satırları okurken gülüyorsun ama ben demek ki korkudan o kadar sinmişim ki, maçla okulu birbirinden ayıramayacak duruma gelmişim. Hatta okuldaki öğrenci öğretmen ilişkisini, disiplini ve otoriteyi futbol sahasına taşımışım.

Maç oynanırken müdürün arada tökezlediğini, kocaman göbeğiyle koşmakta zorlandığını, çektiği şutun kaleyi tutmadığını, okulda kullanmamızı yasakladığı argo kelimeleri kendisinin de sahada kullandığını ve daha birçok insani halini gördükçe ona ısınmaya başlamıştım. Maçı yönetecek hakem olmadığı için bir tartışma anında müdürümüzün dediği geçerli oluyordu.

Devre arasında müdürümüz çok yorulduğunu ve ikinci yarı oynamayacağını söyledi. Onun yerine Endüstri Meslek Lisesi'nden bir öğretmen girdi. Tartışmalı pozisyonlarıyla, yükselen seslerle, kaçan penaltımızla yediğim gollerle hiç unutamayacağım o ilk maç sona erdiğinde 8 – 6 yenilmiştik. Skorda biz yenik görünsek de maçın galibi bendim. Pısırıklığımı, çekingenliğimi, cesaretsizliğimi ve korkularımı yenmiştim. Daha da önemlisi müdürün ve öğretmenlerin öyle göründüğü kadar canavar insanlar olmadığını fark etmiş ve kendilerine karşı biraz daha yakınlık hissetmiştim.

Kenan'ın oyundaki başarısına hayret ettim. Durmaksızın koşuyor, çok güzel paslar atıyor, rakibin üzerine üzerine gidiyor ve yorulmak nedir bilmiyordu. Zaten altı golün dördünü o attı. Onunla teyze çocuğu olduğum, aynı evde yaşadığım, aynı okulda okuduğum ve aynı sırada oturduğum için kendimi şanslı görmeye başladım.

Maçtan sonra müdür, müdür yardımcısı, öğretmenler ve bazı öğrenciler gitti. Biz bir grup arkadaş yorgunluktan yerimizden kalkamıyorduk. Çoğumuz yere oturmuş sohbet ederken şu benim gizli gizli hayranlık duyduğum Hüseyin kalktı, ikindi namazının yaklaştığını ve camiye gitmek istediğini söyledi. Onunla beraber biz de kalkıp camiye gittik. Müezzin ezan okumaya başladığında biz abdest alıyorduk. O sırada orta boylu, uzun sakallı, nur yüzlü bir adam camiye girdi. İçeriye girdiğimde az önceki adamın başına sarık sardığını, uzun beyaz bir cübbe giydiğini ve namazı kıldırmak için mihraba geçtiğini gördüm.

Namazdan sonra cemaat dağılırken Hüseyin kısık bir sesle kulağıma fısıldadı. "Sizi babamla tanıştırmamı ister misiniz?" Merakla sordum "Baban nerede ki?" Cübbesini çıkaran imama doğru yürüdü ve elini öptü. "Allah kabul etsin babacığım." Demek Hüseyin'in babası imamdı. Biz elini öperken şefkat dolu sesiyle konuşmaya başladı.

— Hoş geldiniz yavrularım, sizi bizim camide ilk defa görüyorum, herhalde siz de talebesiniz.

— Evet babacığım, okuldan arkadaşlar. Halil'le Nuri bizim sınıftan, Kenan'la Alişan da diğer sınıftan. Bugün maçımız vardı. Maç bittikten sonra namaza geldik.

— Allah kabul etsin çocuklar. Hüseyin yavrum, annen çay demliyordu ben gelirken, arkadaşların da isterlerse buyursunlar bize çay içmeye gidelim.

Evlerine girdiğimde gözlerime inanamadım. Koridorların her tarafındaki raflar tamamen kitapla doluydu. Musa Hoca'nın dediğine göre beş binden fazla kitap varmış evde. Aman yarabbi, dile kolay, tam beş bin kitap...

Saliha Hanım güler yüzüyle çayları dağıtırken çok heyecanlıydım. Heyecanım o kadar fazlaydı ki elimdeki bardak titremeye başladı. Az kalsın çayı halının üzerine döküyordum. Evleri bizim tek odalı evin yanında saray gibiydi. Koltuklar, rengârenk perdeler, uzun tüylü halılar, pırıl pırıl bardaklar, iç içe geçmeli sehpalar, her biri kalın kalın duran ciltli kitaplar... Merakımı yenemeyerek sordum.

— Hocam bu kitapların hepsini okudunuz mu?

— Bunlar herhalde senin gözüne çok fazla geldi Alişan. Başvuru kaynağı olan ansiklopediler hariç büyük bir bölümünü okudum. Tabii hepsini birden okuduğumu zannetme. Ben yirmi sekiz yıldır imamlık yapıyorum. Vaaz etmeye başlamadan, hutbeye çıkmadan önce mutlaka kitap okur, yeni şeyler öğrenir ve bunu cemaatime anlatırım. Böyle böyle birikti işte.

— Kitaplarda yazılanların hepsini anlıyor musunuz?

— Nasıl yani?

— Okuduğunuz her şey aklınızda kalıyor mu demek istedim.

— Evet, çoğu kalıyor, çünkü merak ediyorum, severek ve isteyerek okuyorum. İnsan bir şeyi sevdi mi, onu çok iyi anlıyor. Siz daha iyi bilirsiniz. Bir dersi merak ettiniz mi, sonra da severek ve isteyerek çalıştınız mı daha iyi öğrenmiyor musunuz? Korktuğunuz, sevmediğiniz ve merak etmediğiniz bir dersi öğretmen ne kadar iyi anlatırsa anlatsın aklınızda kalmaz değil mi?

— Hocam öğretmenlerimizin bazıları sınıfta bize bağırıyorlar, dersi kızarak anlatıyorlar. Ben o zaman korkuyorum ve konuları anlayamıyorum. O kadar korkuyorum ki öğretmen, "Anladınız mı?" diye sorduğunda anlamadım, diyemiyorum.

— Peygamber Efendimiz Hz. Muhammed sallallahu aleyhi ve sellem bir hadisinde buyuruyor ki, "Sevdirin, nefret ettirmeyin, kolaylaştırın, zorlaştırmayın, müjdeleyin, korkutmayın." Ben mümkün olduğu kadar peygamberimizin sözünü dinlemeye çalışıyorum. Eğer öğretmenler de sınıfta veya okul bahçesinde öğrencilere aynı şekilde davranırlarsa, o zaman kimse derslerden sıkılmaz, okuldan kaçmaz ve konuları kolayca anlar.

Musa Hoca'nın sohbetine doyum olmuyordu, ne kadar güzel konuşuyordu öyle... İmam-Hatip Ortaokulu'ndaki öğretmenlerimizin anlattığı din ile Kurşunlu Cami imamı Musa Hoca'nın anlattığı din aynıydı ama anlatım biçimleri o kadar farklıydı ki...

— Çocuklar, burası sizin de eviniz sayılır, ne zaman isterseniz buyurun gelin. Ödevleriniz, araştırmalarınız olduğunda buradaki kaynak kitaplardan faydalanabilirsiniz. Madem köylerden okumak için buralara geldiniz, o zaman derslerinize iyi çalışın. Aman devamsızlık yapmayın. Her gün yeni bir şey öğrenmek için gayret edin. Peygamberimizin, "Beşikten mezara kadar ilim öğrenin, iki günü eşit olan zarardadır" dediğini duymuş muydunuz? İnşallah ailelerinizle de tanışırız, onlara da selam söyleyin, Allah'a emanet olun.

Oradan ayrılırken babama yazdığım mektup geldi aklıma. Köye olan hasretime kapılıp niye yazdım ki keşke yazmasaydım, dedim kendi kendime. İçimi bir pişmanlık duygusu kapladı. Hüseyin'in ailesini ve ona olan desteğini görünce, bazı öğretmenlerimin içimde öldürdüğü okuma hevesi yeniden kıpırdamaya başladı.

Bir an önce eve gidip ders çalışmak için sabırsızlanıyordum. İçimden diyordum ki, ben çok başarılı olacağım hocam, sen yanımda ol yeter, gerisini ben hallederim.

CAHİL DEDEM, AYDIN ÖĞRETMENİM

Şubat tatili yaklaşıyordu. Babamın gelip beni okuldan almasını beklemeye devam etsem de onun gelmeyişi içimdeki umudu söndürüyordu. Bazen heveslenerek ve isteyerek, bazen de sıkılarak, en çok da köyde Aynur'a mahcup olmamak için mecburen ders çalışıyordum. Yazılı ve sözlü sınavlar arka arkaya geliyordu. Birinci yazılılarda okula hevesle geldiğim için notlarım sınıftaki arkadaşlarıma göre yüksekti. Hevesim azalıp da okulu bırakmaya karar verdikten sonra ikinci yazılılarda notlarım düşmeye başladı, hatta bazı derslerden zayıf bile alıyordum.

Sınıfta beni en çok hayrete düşüren konulardan biri kopya çekmekti. Arkadaşların bazıları kopya çekip hak etmedikleri halde yüksek notlar alıyorlardı. Derslerde öğretmenlerimiz haktan, adaletten, doğruluktan, dürüstlükten, başkasının hakkını yememekten bahsediyorlardı ama yazılılarda bunlara uymak bazı arkadaşlarımızın aklına gelmiyordu. Arada bir düşük not alacağımı gördüğümde benim de canım kopya çekmek istiyordu ama babaannemin söyledikleri aklıma geliyordu ve ben içimdeki kopya çekme isteğini çıkarıp atıyordum.

Bir akşam yatağa uzanmış öyle düşünürken hayalim yine köye uçtu. Pamuk ebem geldi aklıma. Okuma yazma bilmediği halde hiç yalan söylemeyen, başkasının hakkını yemeyen, kimsenin kalbini kırmayan, suratını hiç asmayan ve dişleri her zaman görünecek şekilde sürekli gülümseyen Pamuk ebem. Arkasından da dedem... Otoriter, her zaman ciddi duran, dayılarıma ve teyzelerime kızıp bağıran, bir bacağı sakat olduğu için elinde bastonuyla bir sağa, bir sola sallanarak yürüyen Ali Osman dedem. Elimden tutup bakkala götüren, hele beni camide gördüğü zaman gözlerinin içi gülen, ezan okumamı, namazda müezzinlik yapmamı ve imam olacak kadar çok dini bilgiler öğrenmemi isteyen dedem.

Şimdi ben tatilde camiye biraz erken gitsem, ezan okusam, hatta namazda müezzinlik yapsam, dedem de bunu görse, neler hissederdi ve nasıl sevinirdi kim bilir? Bunları düşünürken hayallerim oradan şuraya, şuradan buraya uçuşup duruyordu.

Kendi küçüklüğünde Osmanlıca öğrendiği için yeni harfleri öğrenmemiş, yani yeni Türkçeyi okuyup yazamayan dedem, kendi emsallerine ve çocuklarına karşı biraz asık suratlı durduğu halde, benim elimi tuttuğunda yumuşuyor, benimle konuşurken sanki çocuklaşıyordu. Bana dini bilgileri gözlerinin içi gülerek anlatan köyün cahillerinden olan dedemi düşünürken üniversite mezunu öğretmenlerimin bazıları geldi gözümün önüne. Elimizi dövmek için tutuyorlar, yüzümüze tokat atmak için bakıyorlar ve kulağımızı çekmek için okşuyorlardı. Sevgili peygamberimiz diye başlayıp sevgisiz kelimelerle anlatıyorlardı.

Öğretmenlerimden çok dedem için Arapça ve Kur'an derslerine biraz daha fazla çalışmak geldi içimden.

Bazı öğrencilerin yaşı benden büyüktü. On dört, on beş ve on altı yaşında olan öğrenciler vardı. Hatta iki öğrenci on yedi yaşındaydı. Onlardan biri Bekir'di. Babası onu ilkokuldan sonra ortaokula değil de, hafız olması için Kur'an kursuna göndermişti. Bekir, on beş yaşında hafız olmuş, Sivrihisar'a İmam-Hatip açıldıktan sonra babası hiç olmazsa bir ortaokul diploması alsın da imam olsun diye buraya yollamış.

Bekir, Kur'an'ı çok güzel okurdu. Tecvit kurallarının hepsini su gibi biliyor ve Kur'an'ı bu kurallara göre okuyordu. Ben, Kur'an ve Arapça derslerine biraz daha fazla çalışmaya karar verdikten sonra ona yaklaşmaya başladım. Fırsat buldukça onun yanına oturuyor, okuyuşundan makam kapmaya ve okuyuşumu ona benzetmeye çalışıyordum. Bir süre sonra onu taklit ede ede ezanı biraz daha güzel ve makamlı okumayı başarabildim.

Artık köye gittiğimde hiç çekinmeden ezan okuyabilir ve korkmadan büyüklerin yanında müezzinlik yapabilirdim. Ali Osman dedem kim bilir ne kadar sevinir ve mutlu olurdu.

Bu arada yatsı namazında Hüseyin'in babasının imamlık yaptığı Kurşunlu Camii'ne gidiyordum. Musa Hoca bizi güler yüzle karşıladıktan sonra Kur'an'ı çok güzel okuyor ve namazdan sonra bizimle sohbet ediyordu. Bunu yaparken ne bizi azarlıyor ne tehdit ediyor ne kızıyor ne de korkutuyordu.

Bir gün namazdan çıktığımızda usulca yanına yaklaşıp kısık bir sesle sordum:

— Hocam, bizim Kur'an ve Arapça derslerine siz gelseniz olmaz mı?

Elini başıma koydu, saçlarımı okşarken gözlerime bakıp gülümsedi:

— Herkes bulunduğu yerde işini en iyi şekilde yaparsa o zaman mesele kalmaz.

SOL ANAHTARI

Boş geçen derslerden biri de müzikti. Gerçi kendine göre dinin emirlerine uyup yasaklarından kaçınmaya çalışan Arapça öğretmenimiz Abdurrahman Bey bu durumdan pek memnun değildi. İmam-Hatip'te müzik dersinin gereksiz olduğunu düşünüyordu. Bize diyordu ki, "Sizin şarkıyla ve türküyle ne işiniz var, oturun mevlit ve ilahiler öğrenin. Kur'an'ı daha çok ezberleyin. Yarın cenaze defnederken mezar başında Ajda Pekkan'ın Kimler Geldi Kimler Geçti şarkısını mı söyleyeceksiniz? Ya da Lale Belkıs'ın Çilli Bom Bom şarkısını mı?"

Köyde tarlada çalışırken pilli radyoyu da yanımıza alırdık. Radyoyu sabah açar ve akşama kadar kapatmazdık. Gerçi babam, "Ne öğreniyorsunuz sürekli aynı türküleri dinlemekten, arada bir kapatın radyoyu, pil dayandıramıyorum" diye kızardı ama biz yine de dinlemeye devam ederdik. En çok sevdiğim sanatçılar Barış Manço, Ayten Alpman, Neşe Karaböcek ve Emel Sayın'dı.

Şubat tatili yaklaşırken yine boş geçen bir müzik dersinde sınıfta otururken kapı açıldı ve içeriye müdür yardımcısı girdi. Biz merakla niye geldiğini anlamaya çalışırken, "Şimdi size bir sınav yapacağım" deyiverdi. Şaşırdık.

— Ne sınavı öğretmenim?

— Ne sınavı olacak, müzik tabii ki.

— Ama hiç müzik dersi görmedik ki.

— Olsun.

— Bir şey bilmiyoruz ki.

— Lafı uzatmayın oğlum karnelerde müzik dersi boş kalmasın diye size not vereceğim. Şimdi müzik defterlerinizi çıkarın.

— Bizim müzik defterimiz yok ki, ben daha hiç müzik defteri görmedim.

— Olsun, normal bir defter açsanız da olur. Haydi bakalım açın defterlerinizi ve üzerine bir porte çizin.

— Ne çizelim?

— Porte oğlum porte.

Yanımda oturan Kenan'a doğru eğilip usulca sordum:

— Porte ne ya?

— Valla ben de bilmiyorum, daha önce hiç duymadım.

Korkumdan ve bilmemenin utancından öğretmene de soramıyordum.

— Şimdi o portenin üzerine bir sol anahtarı yerleştirin.

Kenan'a doğru tekrar eğilip fısıltı halinde sordum:

— Sende var mı?

— Ne var mı?

— Sol anahtarı.

— Yok, bende evin anahtarı var.

— Bu sol anahtarı nasıl bir şey biliyor musun?

— Yok vallahi bilmiyorum.

— Acaba şu bizim köydeki İngiliz anahtarı gibi bir şey mi?

— Bilmiyorum yaa, daha önce hiç görmedim.

— E biz şimdi yanımızda olmayan anahtarı o şeyin, foter miydi neydi, onun neresine yerleştireceğiz?

Biz böyle kendi aramızda fısıldaşırken müdür yardımcısının sesi yükseldi:

— Bırakın çene yapmayı. Şimdi ellerime bakın ve söyleyeceğim notaları portedeki yerlerine yerleştirin. Başlıyorum.

Benim ve bazı arkadaşların şaşkın bakışları arasında her iki elini göğüs hizasına doğru kaldırdı ve daha önce hiç duymadığım heceler söylemeye başladı. Ağzından çıkan hecelerle beraber ellerini sağa-sola ve yukarı aşağı doğru hareket ettiriyordu.

— Sol fa sol la sol fa miii, re fa mi re miiiii.

Müdür yardımcısı benim daha önce hiç duymadığım ve görmediğim aynı sözleri ve hareketleri birkaç defa daha tekrarladı. Dersin sonuna doğru ne yapacağımı, ne yazacağımı ve neyi nereye koyacağımı bilemediğim için hiçbir şey yazmadığımız kâğıtları toplayıp gitti.

Sonraki ders İngilizceydi. Bizim okulda her dersin branş öğretmeni olmadığı için İngilizce öğretmenimiz liseden geliyordu. Okul başladığında en çok merak ettiğim derslerden biri olmasına rağmen zamanla soğuyup İngilizceden uzaklaştım. Nedenini merak ediyor musun?

Kitabın ilk sayfasında resimler ve altında kelimeler vardı. Bir gün öğretmen beni tahtaya kaldırdı ve oradaki READING bölümünü okumamı istedi. Oradaki cümlelerden birinde Türkçe karşılığı kitap demek olan "book" kelimesi geçiyordu. Book kelimesi "buk" olarak okunuyordu ya, ben tahtada milletin önünde olmanın heyecanıyla okunuşu olan "buk" yerine yazıldığı gibi "bok" diye okuyuverdim. Sınıfta gülüşmeler olunca kendimi kötü hissettim. Öğretmen de, "Ne boku oğlum, bunu sizin köydeki inek boku mu zannettin?" diye dalga geçince çok utandım. Ağlamamak için kendimi zor tutarak okumaya devam ettim yine de. Tahtanın önünden orta sıralardaki yerime kadar olan mesafe o kadar uzun geldi ki anlatamam sana.

Hâlbuki ben başka ülkelerde yaşayan insanların nasıl konuşup anlaştığını merak ediyordum. Bizim köyden Avrupa'ya çalışmak için gidenler vardı. İzne geldiklerinde onlara en çok yabancılarla nasıl konuşup anlaştıklarını sorardım. Ben de yabancı dil öğrenip farklı insanlarla konuşmayı istiyordum.

Bir gün Arapça dersinde söz İngilizceden açıldı. Abdurrahman Bey sözü döndürüp dolaştırıp kendi dersine getirdi:

— Çocuklar Arapça daha önemli, bakıyorum bazılarınız İngilizceye daha çok önem veriyor.

— Neden Arapça daha önemli öğretmenim?

— Allah, Kur'an'ı Arapça yollamıştır da ondan.

— Arapçanın dışındaki diller önemsiz mi oluyor yani?

— E biraz öyle.

— Türkçe de mi önemsiz oluyor o zaman?

Bu soru ağzımdan öylesine çıkmıştı. Abdurrahman Öğretmen kaşlarını alnına doğru kaldırıp beni şöyle bir süzdü. Anlaşılan sorduğum soru pek hoşuna gitmemişti.

— Türkçe niye önemsiz olsun Alişan?

— Hani Kur'an Türkçe inmemiş ya, ondan aklıma geldi.

— Yok Türkçe bizim ana dilimiz.

— İngilizce de İngilizlerin ana dili olduğu için onlara göre önemli midir öğretmenim?

— Öyledir. Neyse siz Arapçaya daha çok çalışın ki ileride Kur'an-ı Kerim'i daha iyi anlayabilesiniz. Hem Kur'an'ı anlamasanız bile yüzünden okumanın da sevap olduğunu biliyor musunuz?

Öğretmenleri dinleyip farklı bilgiler öğrendikçe kafam karışıyor ve ne yapacağımı bilemiyordum. Küçücük aklıma takılan büyük soruların cesaret edebildiğim bir kısmını öğretmenlerime soruyordum. Aldığım cevaplar kafamdaki dağınıklığı toparlayacağı yerde, yeni karmaşalara yol açıyor, daha farklı soruların beynimi kemirmesine neden oluyordu. Hele aklıma gelip de kimselere sormaya cesaret edemediğim acayip sorular aklımı sürekli olarak meşgul etmeye devam ediyordu.

Offffff offf...

Ne yapacağım ben yaa?

Sahi arada bir senin de aklına sıra dışı sorular geliyor mu? Aklıma gelenleri birine sorsam, bana "Kesin delirmişsin, kafayı mı sıyırdın, sivri zekâlı mısın nesin, yani bugüne kadar kimsenin aklına gelmemiş de sen mi düşünüyorsun?" demesinler diye korkudan sustuğun oluyor mu? "O kadar filozof ya da bilim insanı gelip geçti, onlar akıl etmedi de sen akıl ediyorsun öyle mi, sen kendini ne zannediyorsun?" gibi sorular senin kafanı da kurcalıyor mu?

Bazen de sormaya korkup sustuğun, beynini işgal eden gürültünün sesini el âleme karşı kıstığın oluyor mu?

VE EN HEYECANLI AN KARNE GÜNÜ

Babamın beni almaya gelmesinden umudumu iyice kestikten sonra başta istemeyerek de olsa ders çalışmaya devam ettim. Sonra Hüseyinlerin evine gidip Musa Hoca'yı dinledikçe kendimi derslere daha çok vermeye başladım.

İkinci yazılılarda düşen notlarım, üçüncü yazılılarda yeniden yükselmeye başladı. Bazı derslerden en yüksek notları alıyordum. 6-B sınıfındaki bazı öğrencilerin notları bizim sınıftakilerden daha yüksekti. Hele Hüseyin'in notları en yükseklerdeydi. Bir yandan ona imrenirken bir yandan da içimden fesatlanıyor ve ondan daha yüksek notlar alabilir miyim mi ki, diye düşünüyor ve onu kıskanıyordum.

Sözlüler, ödevler, kurtarma ve not yükseltme yazılıları derken dönemin sonuna geldik. Buradan kurtulup köye kavuşma vakti yaklaşıyordu. Babam beni almaya gelmedi ama olsun, köye gittikten sonra nasıl olsa okula gelmem ve buraya gelmekten kurtulurum. Hem ben okumayı değil köy işlerini daha çok sevdiğimi anladım.

Sonunda karne günü geldi. Bizim sınıfın karneleri Türkçe öğretmenimizin elindeydi. Öğretmen, masasının yanında dikiliyor ve adını okuduğu öğrenciyi yanına çağırıyor, ona bir iki cümle söyledikten sonra karnesini veriyordu. Karnesine bakan her öğrencinin yüz ifadesi farklı farklıydı. Bazılarında hafif bir gülümseme, bazılarında üzgün bir yüz ifadesi, bazılarında ısırılan bir dudak, bazılarında eyvah diyen bir pişmanlık, bazılarında çaresizlik, bazılarında büyük bir sevinç...

Sıra bana yaklaşırken heyecanım doruktaydı. Kalbimin hızlı atışına engel olamıyordum. Öğretmen adımı söylediğinde sanki nefesim durdu. Ayağa kalkıp titreyen bacaklarımla tahtaya doğru yürümeye başladım. Pınar Öğretmen önce yüzüme baktı, sonra karneme ve tekrar yüzüme... "Senden daha iyi bir karne bekliyordum, senin saygını, dersleri dinlemeni çok beğeniyorum ama karnendeki notlar beni hayal kırıklığına uğrattı. İkinci dönem bu zayıfları kurtarmanı ve en azından Teşekkür Belgesi almanı bekliyorum" dedi.

En son duyduğum bu zayıfları kelimesinden sonra öğretmenin ne dediğini hatırlamıyorum bile. Dilim tutulmuş ve sanki aklım durmuştu. Kendime geldiğimde sıramda oturuyordum. Sınıfta Takdirname alan yoktu ve sadece bir kişi Teşekkür Belgesi almıştı. O da kim biliyor musun? Kenan.

Benim iki zayıfım vardı. Biri İngilizce, diğeri de müzik. Evet, yanlış okumadın, müzik dersinin karşısında üç yazıyordu, İngilizce dersinin karşısında da dört. Hiçbir dersten dokuz ve on alamamıştım. Bir tane sekiz, iki tane yedi vardı. Diğerleri de beş ve altı... Dışarı çıktığımızda ilk işim Hüseyin'in karnesine bakmak oldu. Sadece bir tane sekizi vardı karnesinde. Diğerlerinin hepsi dokuz ve ondu. Ve karnesinde ekli etrafı mavi renkle desenli bir Takdirname Belgesi. Okula sonradan kaydolan bizim köylü arkadaşlarımın karnesinde altışar yedişer zayıf vardı. Hele bir tanesinin resim ve beden eğitimi hariç tüm dersleri zayıftı.

Tören alanında İstiklal Marşı ve bayrak töreni için toplandık. Artık son defa dinleyecektim o sıkıcı konuşmaları, öğüt vermekten başka bir özelliği olmayan nutukları... Okul müdürü başladı konuşmaya:

— Yavrularım, iyisiyle kötüsüyle ilk dönemin sonuna gelmiş bulunuyoruz.

İçimden kendi kendime dedim ki, evet sonuna geldim, buradan kurtuluyorum ve artık senin okuluna gelmeyeceğim. Sonra müdürün kullandığı bir kelimeye çok şaşırdım, onun ağzından "yavrularım" kelimesi ilk defa çıkıyordu. Öğrenciler birbirlerinin karnesine bakma telaşından onu dinlemiyorlardı ama ben bu lafını duyunca dinlemeye başladım.

— Okulumuz bu sene yeni açıldığı için birçok eksiğimiz vardı. İnşallah tatilde bunları tamamlayacağız. İkinci dönem daha iyi bir durumda eğitime devam edeceğiz. Tatili iyi değerlendirin. Derslerinizi tekrar edin. Özellikle ezberlediğiniz sureleri unutmamaya çalışın. Unutmayın siz artık bir İmam-Hatiplisiniz. Davranışlarınızla, hal ve hareketlerinizle etrafınıza örnek olacaksınız. Öyle iyi örnek olmalısınız ki seneye kayıtlarımız iki katına çıkmalı.

Müdürün konuşması bittikten sonra İstiklal Marşı'nı söyleyip dağıldık. Daha önce pazartesi günleri uykulu, cılız ve alçak sesle söylediğimiz marşımızı bugün avazımızın çıktığı kadar öyle bir bağırarak söyledik ki herhalde yedi mahalle öteden bile duyulmuştur.

Arkadaşlarımızla vedalaşmamız hüzünlü oldu biraz... Birbirimize sarılırken bazen duygulanıyor bazen gözyaşlarımızı tutamıyor bazen de birbirimizin sırtına vuruyorduk.

Ve ayrıldık... On altı gün sonra tekrar aynı okulda buluşmak üzere...

HASRET BİTİYOR

Minibüs, köye gitmek için garajdan hareket ettiğinde çok heyecanlıydım. Yaklaşık dört aydır ayrı kaldığım köyüme ve çok özlediğim aileme kavuşuyordum. Benimle beraber okumaya gelen çocuklarla arka koltuklara geçip oturduk, çünkü ön sıraya büyükler otururdu.

Tabii minibüsteki köylüler durur mu, bizi soru yağmuruna tutuyorlardı. "Nasılsın yeğenim, derslerin nasıl, zayıfın var mı, okumaya devam edecek misin, babanın şapkasını öne eğdirmezsin değil mi?"

Bazıları da soru sormaktan çok öğüt veriyorlardı. "Aman oğlum okuyun, ananızın babanızın emeklerini ziyan etmeyin, bak biz okumadık da ne oldu, hep cahil kaldık, elimiz ekmek tutmadı, köyde sürünüyoruz işte, aman okuyun, okuyun ki her sabah işe üstü başı tertemiz ve kravatla giden birer memur olun."

Okulda pazartesi cuma nasihatlerinin yerini minibüs yolcularının tavsiyeleri ekleniyordu. Anlaşılan bizim için kurtuluş yoktu.

Minibüs, âdet olduğu üzere köye yaklaşırken korna çaldığında heyecanım daha da arttı. Kendi kendime dedim ki, babam kesin gelmiştir kahvenin önüne ve beni bekliyordur. Babam gelmese bile annem zorlamıştır babamı, "Kalk git oğlanı karşıla" diye. Kahraman da beni evde bekleyememiş ve babamın peşine takılıp gelmiştir.

Eve geldiğimde daha annemin elini öpmeden gözyaşları akmaya başladı. "Rafet'i niye getirmedin oğluuum" diye ağlarken hepimiz çok duygulandık. Babaannem her zamanki yerinde, odanın başköşesinde oturuyordu. Koştum ellerini öpüp sarıldım. Bana, "Geldin mi yavruuuum, oyyyyyy, ben sana kurban olurum" diye sarılırken ne kadar özlediğini fark ettim. Annemin yaptığı o çok sevdiğim haşhaşlı bazlamaların ve mercimekli bükmelerin kokusu evin her tarafını kaplamıştı. Gürül gürül yanan soba, üzerindeki güğümde fokur fokur kaynayan su ve yanındaki çaydanlığa kadar her şey bıraktığım gibiydi.

"Dur ahıra, kümese ve ağıla bir bakıp geleyim" dedim ve dışarı çıktım. Aylardan ocaktı ve diz boyu kar olduğu için koyunlar, inekler ve danalar evdeydi.

Tavuklar da kümesten dışarı çıkmamıştı. Koyunların arasında dolaşan iki körpe kuzuyu görünce sanki tüm hasretlik duygularım gitti. Dışarıda oyalanmaya devam ediyordum çünkü eve girersem beni terletecek soruların geleceğini biliyordum. Pantolonumun paçalarına yapışan karları temizleyip içeriye adım atar atmaz ilk soru geldi:

— Hani oğlum karneni getir de bir bakalım, deyiverdi babam. Çantamdan çıkarıp uzattım. Babam karneyi inceledi ve:

— Demek iki zayıfın var, dedi.

Başımı öne eğdim. İngilizce dört, müzik üç. Annem hayretle sordu:

— Hadi İngilizce neyse de müzik de mi zayıf?

— Ders boş geçti. Son zamanlarda bir öğretmen geldi ve hiç anlamadığım şeyler sorup gitti. Sonra karneye zayıf yazmış.

— Oğlum çıkıp iki türkü de mi söyleyemedin?

— Ama anne müzik dersinde olanlar bizim buradaki düğünlerde söylediğimiz türküler gibi değil ki...

Babam güldü.

— Neyse olmuş bir kere. Bu senin şehirdeki ilk senen. İkinci dönem çalışıp düzeltirsin. Bak öğretmen buraya ne yazmış. "Biraz daha çalışıp gayret gösterirse başarılı olabilir."

Annem sofrayı hazırlamak için mutfağa gittiğinde babamla bir an göz göze geldik:

— Sahi geçen ay senin yazdığın o mektup neydi öyle?

— Hangi mektup?

— Seni okuldan alıp köye getirmemi istediğin mektup.

— Onu yazdım ama sonra yazdığıma pişman oldum.

— Niye?

— Ne bileyim canım sıkıldıydı, yazmıştım. Sonra Kurşunlu Cami'sinin imamı Musa Hoca'yla konuştukça okula yeniden ısındım.

— Aferin oğlum iyi etmişsin. O mektubu kimseye göstermedim, hatta üzülmesin diye annene bile okumadım. Gülcan teyzenin haberi var mı o mektubu yazdığından?

— Hayır yok, ben de herkesten saklı yazmıştım.

— İyi o zaman, haberi olmasın, yoksa üzülür. Sana o kadar emek veriyor, böyle bir şey yaptığını öğrenirse zoruna gider.

Eve gittiğimin ertesi sabahı kahvaltıyı yapar yapmaz koşarak dedemlere gittim ve onu görür görmez elini öptüm. Dedem her zamanki gibi şefkatle sarıldı bana. Onun beyaz sakallarının yanaklarıma dokunması çok hoşuma gidiyordu. Sonra da Pamuk ebemin pamuk gibi yumuşacık elini öptüm. Tabii o her zamanki gibi yere eğildi ve yaylı divanın altına elini uzatıp o meşhur çıkınını çıkardı. Elime verdiği şekerlerin sertliğine bakılırsa herhalde birkaç aydır burada duruyorlardı.

Dedem sordu:

— Sen Kur'an okumasını iyice öğrendin mi?

— Hee dede öğrendim.

— Sureleri ezberledin mi?

— Evet dede elem tereden aşağısını, Yasin suresinin üç sayfasını ve bir de Ayetel Kürsüyü ezbere okuyorum.

— Maşallah maşallah. Müezzinlik yapmayı da biliyor musun?

— Biliyorum.

Sustu dedem. Yüzündeki gülümsemeye bakılırsa söylediklerimden çok memnun olmuştu.

Bir akşam, yatsı namazında arkadaşlarımla beraber camiye gittim. Baktım dedem ön sırada ve hemen imamın arka sağ tarafında oturuyor. Ezan vakti geldiğinde kalktım ve yatsı ezanını okudum. Sünneti kıldıktan sonra da müezzinlik yapmaya başladım. Kamet getirmek için ayağa kalktığımda baktım dedem dönüp arkaya bakıyor, belli ki kamet getiren bu yabancı sesin kime ait olduğunu merak ediyor. Onunla göz göze gelince çok heyecanlandım ve gözlerimi başka tarafa kaçırdım.

Ertesi sabah kuşluk vakti dedem bize geldi:

— Ne iyi ettiniz de Alişan'ı İmam-Hatip'e yazdırdınız. Camide ezan okumasına ve müezzinlik yapmasına çok sevindim, koltuklarım kabardı. Benim aslan torunum ne güzel dinini, diyanetini öğreniyor orada. Artık ölsem de gözü açık gitmem.

Durdu, sakallarından aşağıya süzülen gözyaşlarını sildi, bana döndü ve ekledi: "Allah sana zihin açıklığı versin, dersleri kolay öğrenmeyi nasip etsin yavrum."

Durur muyum, koştum kucağına. Dedemin okuduğum ezanı ve yaptığım müezzinliği beğenmesi beni o kadar sevindirdi ki kendi kendime dedim ki, "Ben yaz tatiline kadar cuma namazında müezzinlik yapmayı da öğrenirim, hatta yatsı namazından sonra Amenerrasulu'yü bile ezbere okuyabilirim."

Dedemle konuşurken içimden, kalbimin derinlerinden gelen bir ses, "Okulu bırakma, ikinci dönem de git ve okumaya devam et" diyordu.

CÜNEYT KOMİKLİKLERİNE DEVAM EDİYOR

Tatilin ikinci haftası cuma günü camiye gittim. Büyüklerin deyişi ile aksiliği, yaramazlıkları, muzipliği ve sıra dışı hareketleri ile dikkat çeken Cüneyt ağabey, Necmi ağabey ve Hamdi dayım avluda kendi aralarında konuşup gülüşüyorlardı. Onların bulunduğu ortamdan her zaman çok hoşlanıyordum, çünkü çok neşeliydiler, esprili konuşmaları ve gülmekten öldüğümüz komik şakaları oluyordu.

— Nasılsın emmoğlu?

— İyiyim ağabey.

— Okul nasıl gidiyor, alıştın mı şehir ortamına?

— Yok alışamadım. Köy daha güzel.

— Manyak mısın oğlum sen, köyde ne var, git adam gibi oku da maaşlı bir insan ol. Valla ben de okumak istiyorum ama eski kafalı babam okutmuyor işte.

Ben Cüneyt ağabeyin şakalarını merak ederken o büyükler gibi bana öğüt veriyordu.

İmamın vaazını dinlemek için camiye girdim ve arkalara bir yere oturdum çünkü büyüklerin önüne geçip oturmaya utanıyordum. İlk sünnet namazından sonra imam hutbeyi okudu ve arkasından cumanın iki rekâtlık farz namazını kıldırmaya başladı. Necmi ağabey benim yanımdaydı, dayımla Cüneyt ağabey de hemen arkamızda duruyorlardı. Birinci secdeye kapandık, ikinci secde için oturmamızla Necmi ağabeyin zıplayıp, yandım anam diye çığlık atması bir oldu. Namaz kılanların bazıları dönüp Necmi ağabeye baktılar. Dayımla Cüneyt ağabey arkamızda kendi aralarında gülüşüp duruyorlar, kahkaha atmamak için dudaklarını ısırıyorlardı.

Tabii ne olduğunu camiden çıktıktan sonra anladık. Meğer Cüneyt ağabey, Necmi ağabeyin oturacağı yere sivri ucu yukarıya bakan bir raptiye koymuş, Necmi ağabey de üzerine oturunca raptiye poposuna saplanmış, attığı çığlık onun acısındanmış.

Köyde kaldığım ikinci cumada yine komik bir şey oldu. Cüneyt ağabeyle Necmi ağabeyin namazdan önceki gülüşmelerine bakılırsa yeni bir şaka geliyordu. Namaz bitene kadar ben şakanın ne zaman geleceğini bekledim. Namaz bitti ve dua için eller kalktı. Cemaat sessizce duasını ediyor, yaşlı amcaların bazılarının ağzından yüksek sesle amiiiin sesi çıkıyordu. Demek bugün şaka yoktu.

Tam o sırada beklenmedik bir şey oldu. Dayımın yeni çıkan müzikli bir kol saati vardı. Sen tut, saati tam dua saatine ayarla. O sessizliğin ortasında saatten gelen oyun havaları paaat diye çalmaya başlamaz mı? Millette ne huşu kaldı, ne ihlâs, ne de huzur. Bazılarının gülüşmesi, bazıların öfkeli bakışları, bazılarının da homurdanmaları arasında dua bitti. Camiden çıktığımızda dedem bunu yapanın dayım olduğunu öğrendi. Çok sinirlendi ve "Nerede o soytarı, getirin şu bastonu kafasına patlatayım" dedi ama dayımla Cüneyt ağabey çoktan kaybolmuşlardı.

En komik olaylardan birini ne zaman yaşadık biliyor musun?

Yine bir kış akşamı yatsı namazına gittik. İzzet amcam hava şartları ne kadar olumsuz olursa olsun mutlaka camiye gelirdi. O akşam ön sıralara baktım amcam yoktu. Dışarıda hava soğuk ve iki karış kar yağmış. Herhalde bu akşam gelmeyecek diye düşündüm kendi kendime.

Farza durduk. Üçüncü rekâtta secdeye kapandığımızda arkamdaki sıradan bir gürültü geldi. Dördüncü rekâtta aynı gürültü yine geldi. Selam vermemizle beraber İzzet amcamın sesi duyuldu. "Yeter lan yeter artık, nedir bu milletin senden çektiği?" diye bağırıyordu ve arkasından daha büyük bir gürültü...

Arkamı döndüm ki ne göreyim? Amcam, Cüneyt ağabeye paldır küldür girişmiş onu dövüyor. Hatta üç pilli büyük el fenerini çıkarıp oğlunun kafasına vurmuştu, artık nasıl vurduysa fener parçalanmış ve içinden çıkan piller etrafa yayılmıştı.

Meselenin ne olduğunu dışarı çıktığımızda Cüneyt ağabey anlattı:

— Aslında hep Necmi'nin yüzünden?

— Nedenmiş o?

— Babamla Necmi'nin giydiği berenin rengi ve deseni aynıydı. Biliyorsunuz babam namaza erkenden gelir ve ön safa dururdu. İçeri girdiğimde baktım babam yok. Herhalde bu akşam gelmeyecek diye düşündüm. Farza dururken babam hâlâ yoktu. Rükûa iyice eğilip bacaklarımın arasından arkama baktığımda o bereyi gördüm ve dedim ki, aha bu Necmi. Secdedeyken onun kafasına tekme atmamak için kendimi zor tuttum. İkinci rekâtta da tuttum kendimi ama üçüncü rekâta gelince daha fazla dayanamadım ve secdedeyken attım tekmeyi kafasına. Aynı durum dördüncü rekâtta da devam etti. Nerden bileyim arkamda duranın Necmi değil, babam olduğunu...

Sonrasını biliyorsunuz.

Anlatırken etrafındakileri gülmekten kırıp geçiriyordu Cüneyt ağabey. İşte bu yüzden onun yanında olmaktan mutlu oluyordum.

Tatilde on altı gün ailemle çok mutlu ve güzel anlar geçirdik. Kahraman'la kardan adam yaptık, koyunlara ve ineklere yem verdik, birçok komşumuz ve akrabamız bize göz aydınlığına geldiler, biz de annemle onlara oturmaya gittik. Aynur'la zıtlaşmalarımızın ardı arkası kesilmedi. Ne zaman bir araya gelsek başlıyordu didiklemeye:

— Çalışkanların arasında mısın, tembellerin arasında mı, dayak yiyor musun, yatağa şey ediyor musun, doğru söyle, teyzen altına naylon seriyor mu, şehirli kızlar güzel mi bari?

— Bizim okulda kız yok ki.

— Nasıl yok şehirde kızlar okumuyorlar mı?

— Okuyorlar da bizim okulda değil.

— Ya insanı çatlatma, kızlar sizin okula niye gelmesinler ki?

— Okul yeni açıldığı için, bir de İmam-Hatip olduğu için. Öbür okullarda bissürü kız var.

— Anladım.

— Neyi?

— Kızların sizin okula neden gelmediğini...

— Nedenmiş?

— Senin yüzündendir.

— Benim yüzümden niye okula gelmesinler yaa?

— Anlarsın ya, hani orda da yatağa şey ediyorsan...

— Of ya offff. Bıktım senin bu salak salak konuşmalarından.

— Hee sanki yalan söylüyorum da.

— Yalancısın tabii. Ben şehirde okuduğum için beni kıskanıyorsun.

İkinci dönemin başlamasına iki gün kala içime bir sızı çöktü ki anlatamam. Şimdi bu güzel ortamı bırakıp o sıkıcı okula nasıl gideyim, öğretmenlerin azarlarına, Kenan'ın git buradan demelerine nasıl katlanayım ve kardeşlerimle olan ayrılığa nasıl dayanayım? Şimdi burada ailece güzel güzel otururken, kardeşlerimle beraber oynarken, akşam gezmelerine gidip komşularla muhabbet etmek varken, sabahtan akşama kadar tahta sıralarda oturup asık suratlı öğretmenlerin anlattığı dersleri oflaya puflaya dinlemenin sırası mıydı yani?

Son akşam yatağa uzandığımda düşündüm. Burada kalıp da ne yapacağım ki işin yoksa başımın belası Aynur'la uğraşıp dur. Koyun, kuzu, kedi, köpek, tavuk, hindi, inek ve atlarla aynı avluda yaşamaktan başka bir dünya mı var? Baksana büyüklerin dediğine göre sonu yok buranın... Köydeki çalışmayla ne açlıktan ölürsün ne de zengin olursun ancak ömür boyu boğaz tokluğuna çalışırsın.

Dedemin nur yüzü geldi gözlerimin önüne, bir ezan okuyup bir de müezzinlik yaptım diye ne kadar çok sevinmişti öyle. Gidip okuyarak dedemi, ebemi, anamı, babamı daha çok mutlu edebilirdim. Ders çalışmak, her sabah erkenden kalkıp okula gitmek, akşama kadar aynı sınıfta oturmak ve sürekli konuşan öğretmenleri dinlemek zor geliyordu ama olsun biraz gayret göstererek başarabilirdim.

Belki beni gören Kahraman ve Nurgül de heveslenip okula giderlerdi. Onlara da örnek olabilirdim.

Ya okuyup bir şey çıktıktan sonra maaşımı cebime koyarak şu Aynur'un karşısına çıkmak. İşte o gün bu kızdan tüm intikamımı alırdım herhalde...

Uyuyakalmışım öylece...

İKİNCİ DÖNEM BAŞLIYOR

Şubat tatilinden sonra ikinci dönem için köyden ayrılırken içim biraz buruk ve hüzünlü olsa da ilk gidişime göre biraz daha rahattım. Ayrıca içimdeki heyecanın ilk gidişim kadar çok olmadığını da biliyordum. Birincisinde ortaokula gitmek için büyük hayaller kurmuş, bu hayallerime kavuşmak için ne zorluklar aşmış ve beni uçuracak kadar güçlü bir heyecanla dopdolu olarak yola çıkmıştım. Ancak okula başladıktan sonra bazı öğretmenlerimin yaklaşımları, teyzemin çocukları arasında kendimi sığıntı gibi hissetmem ve köyü özlemem heyecanımı köreltmiş ve okula olan hevesimi bayağı da azaltmıştı.

Şimdi ise okula normal hatta isteksiz bir şekilde gidiyordum ve bu gidişimin bende oluşturduğu sıra dışı bir heyecan yoktu. Yolda giderken, keşke kardeşim de benimle gelse diye düşündüm. Yanımda olsa, okula beraber gider geliriz, beraber oynarız, köyde olduğu gibi beraber yatarız. Aslında ona, sen de şehre gel deseydim ne güzel olurdu. İyi de bunu hangi yüzle diyecektim, karnemdeki iki zayıfla mı, ya da olmayan evimizle mi, kendimi sığıntı gibi hissettiğim duygularla mı? Okula kendim bile isteksiz giderken ona hangi yüzle haydi okula gidelim, diyebilirdim ki. İyi ki de dememişim...

İlk gün göreceğimiz ilk dersin ne olduğunu bilmeden girdim sınıfa. Sınıfça yerlerimize oturmuş kendi aramızda tatili nasıl geçirdiğimizi konuşurken daha önce hiç görmediğim biri girdi sınıfa. Yeni İngilizce öğretmenimizmiş. Kendini tanıttı, ailesini, öğrencilik yıllarını, hangi şartlar altında okuduğunu, zorluklarla karşılaştığını ama pes etmeyi hiç düşünmediğini anlattı. Sonunda öğretmen olduğunu, daha önce üç yıl Kütahya'nın Emet ilçesinde çalıştığını, şubatta da tayininin buraya çıktığını ve bugün göreve başladığını söyledi.

Sınıfta anlaşabileceğimizi ve iyi bir dönem geçireceğimizi söylediğinde Kenan bana doğru eğilip yavaşça fısıldadı:

— Hangi öğretmen bizi anlamaya çalıştı ki, görürsün bu da diğerleri gibi olur, yakında bize kızıp bağırmaya başlar.

— Seni bilmem ama ben bu öğretmene ısındım.

— Birinci dönem sevmiyordun İngilizceyi.

— Evet sevmiyordum, öğretmeni biliyorsun alay ediyordu bizimle. Ama bu iyi gibi duruyor.

— Görünüşe aldanma.

Kayhan Öğretmen birinci dönem neler yaptığımızı, derslerin nasıl geçtiğini, hangi konuları öğrendiğimizi sorunca bir döküldük ki görmeliydin:

— Doğru dürüst hiçbir şey yapmadık.

— Öğretmen iyi anlatmıyordu.

— Konuları iyi anlatmaz ama her kelimeyi deftere yirmi defa yazdırırdı.

— Bazılarımızı dövdü.

— İngilizce dersini sevmezdik ve gelmesini hiç istemezdik.

— Öğretmenim biz İngilizceyi niye öğreniyoruz, karşımıza İngilizler mi çıkacak sanki?

Öğretmen Bekir'in bu sorusunu duyunca gülümsedi ve sınıfa sordu:

— Peki aranızda İngilizce öğrenmek isteyen kimse var mı?

Parmak kaldıran olmadı, kimseden bir ses de çıkmıyordu.

— Merak etmiyor musunuz İngilizceyi?

Kimseden yine ses çıkmadı.

—Anlaşılan siz bu dersten bayağı bir soğumuşsunuz. Gördüğüm kadarıyla İngilizceyle aranıza duvarlar örmüşsünüz. Baksanıza kocaman sınıfta bu dersi merak edip öğrenmek isteyen bir kişi bile yok.

Kayhan Öğretmen, böyle olumsuz bir durumla karşılaşınca zannettim ki bize kızar, bağırıp çağırır, bizi tehdit eder, gözümüzü korkutur, her gün şu kadar kelime ezberlemeye mecbursunuz, her kelimeyi otuz defa deftere yazmak zorundasınız gibi emirler verir. Ancak o tahmin ettiğim gibi yapmadı. "Sizi anlayabiliyorum, ben de olsam sizin gibi düşünürdüm, siz yabancı biriyle hiç karşılaşmayacağınızı zannediyorsunuz, neyse derslere bir başlayalım da bakalım, neler olacağını hep birlikte görürüz" dedi.

Öğretmenin bu konuşması, benim derse karşı olan soğukluğumu biraz azalttı ve içimde öğretmenin neler yapacağına ve dersleri nasıl işleyeceğine dair bir merak oluşturdu. Eğer Kayhan Öğretmen bize karşı değişmezse zayıfımı kurtarabilirim diye düşünmeye başlamıştım bile.

Kayhan Öğretmen'i dinleyinceye kadar öyle büyük hedeflerim yoktu. Hani hevesim kırılmış ve okuma isteğim azalmıştı ya, öylesine gidip geliyordum okula. Öğretmenimizin derse başlama biçiminden etkilenip bu dönem için kendime o zaman büyük olduğunu zannettiğim ama sonradan küçücük olduğunu anladığım bir hedef belirledim: İki zayıfımı kurtarmak. Teşekkür veya Takdir Belgesi alamasam da en azından Aynur'a rezil olmamak için hiçbir dersi zayıf olmayan bir karne almak.

İkinci gün müzik dersi vardı ve biz boş geçeceğini beklerken bir kadın öğretmen geldi. Böylece okulumuzda iki kadın öğretmen olmuştu. Atatürk Ortaokulu'nda öğretmenmiş ve haftada bir kere bizim okula gelecekmiş. Karnemde müzik notumun üç olduğunu öğrendiğinde çok şaşırdı ve nedenini sordu:

— Öğretmenim birinci dönem derslerimiz boş geçti. Son ay müdür yardımcısı geldi ve bizi hiç görmediğimiz konulardan sınav yaptı. Ben de sorduğu soruların hiçbirini bilemedim çünkü ne sorduğunu bile anlamadım. Karneme de üç vermiş, dedim.

Dersler ilerledikçe sol anahtarını, notaları, porteyi, ritim tutmayı, bas, bariton gibi kelimelerin ne olduğunu bir bir öğrenmeye başladım. Bil bakalım sene sonunda müzik dersinde ne oldu?

İkinci dönemin ilk haftasında dikkat çeken bir gelişme daha vardı. Dördü bizim köyden olmak üzere altı kişi okulu bırakmıştı. Başka köylerden olan çocukların okulu neden bıraktığını bilmiyorum ama bizim köylü öğrencilerden okulu bırakanlar arasında çok sayıda dersi zayıf olanlar vardı.

On dersi zayıf olmasına rağmen okulu bırakmayan arkadaşlarım da vardı. Onlardan biri Samet'ti. Çaba göstermesine rağmen Kur'an okumayı bir türlü öğrenememişti. Öğretmen bir gün Kur'an'ı yüzünden okutuyordu. Yanımda oturan Samet telaşlıydı çünkü sıra ona geliyordu.

— Köylüm ben ne yapacağım?

— Çaresi yok, okuyacaksın.

— Yahu tamam okuyacağım ama ben daha yüzünden doğru düzgün okuyamıyorum ki.

— Olsun ben sana yardımcı olurum.

— Nasıl?

— Sıra sana geldiğinde bakarız, sen hangi sayfayı okuyorsan ben de orayı açarım. Orada ne yazdığını ben sessizce kulağına fısıldarım, sen de söylediğimi sesli bir şekilde öğretmene okursun tamam mı?

— Yahu köylüm helal olsun sana. Beni sınıfın içinde rezil olmaktan kurtardın.

Sıra Samet'e geldiğinde baktım söyleyecek bir şeyi yok.

— Ne bekliyorsun Samet, başlasana okumaya.

— Yahu dedim ya, ben okumayı bilmiyorum.

— Oğlum sen eûzu besmele çek, gerisini ben söyleyeceğim zaten.

Başladık. Ben Kur'an'a bakıp ayeti yavaş bir sesle okuyorum, o da sesli bir şekilde öğretmene tekrar ediyor. Bir, iki, üç, dört dakika derken sıkıldım ve sadakallahulazim deyiverdim. O da aynısını tekrar etti. Öğretmenimiz, niye bitirdin oğlum devam etsene deyince, Samet de, devam ediyorum öğretmenim, diye cevap verdi. Tabii ortalık gülmekten yıkıldı. Niye mi, çünkü Samet sadakallahulazim sözünün Kur'an okumayı bitirirken söylendiğini bilmiyor ve okumaya devam ettiğini zannediyordu.

NEREDESİN CİCİ KIZ?

23 Nisan Ulusal Egemenlik ve Çocuk Bayramı yaklaşırken okula bando takımı alındı. Hüseyin bando takımının başına geçti, ben trampet çalmayı öğrendim. Hafız Bekir'i de davulcu yaptılar. Davul o kadar büyüktü ki ancak o taşıyabilirdi.

Bando çalmayı öğrenmek için provalar yapılırken aklıma ne geldi biliyor musun? O cici kız. Hani 29 Ekim Cumhuriyet Bayramı'nda gördüğüm, neşeli, güler yüzlü, etrafa gülücükler dağıtan ve benim kimseye çaktırmadan gizli gizli baktığım o tatlı kız. Gamzelerini hatırladığımda kendi kendime gülümsediğimi fark ettim. Acaba 23 Nisan kutlamalarına o da gelir mi, diye günlerce düşünüp durdum. Trampeti o kadar iyi çalmalıyım ki o kız beni beğenmeli ve alkışlamalı, diye düşündüğümden, çok çalışıyordum, akşamüzeri millet gittikten sonra bile trampeti alıyor ve kendi kendime çalıyordum. Tabii bu durumun öğretmenlerimin dikkatini çekmesi uzun sürmedi. Kısa sürede en iyi çalanlardan biri olup çıkmıştım.

Bir gün Kur'an-ı Kerim dersinde Abdurrahman Öğretmen tecvit kurallarını öğrenip öğrenmediğimizi kontrol ediyordu. Bana sorduğu soruyu bilemedim. Başka bir soru daha sordu, onu da bilemedim. Üçüncüyü de bilemediğimde söyledikleri çok zoruma gitti. "Akşama kadar davul zurna çalacağına biraz da derslerini öğrenseydin. Oğlum burası İmam-Hatip mi, çalgıcılık okulu mu, Kur'an iman mı öğreneceksiniz yoksa soytarı mı olacaksınız?"

Bizim takım olarak mutlu olduğumuz ve bir an önce öğrenmek için hevesle çalıştığımız bando çalmak, öğretmenimiz tarafından soytarılık olarak görülüyordu. Bir yandan kendimi suçlu hissede hissede trampet çalmaya devam ederken, diğer yandan da öğretmene öfke duya duya tecvit kurallarını ezberlemeye devam ettim.

23 Nisan yaklaşırken o cici kız kafamı kurcalamaya devam ediyordu. 29 Ekim'den sonra ne onu bir daha görmüş, ne bir tanıyana rastlamış, ne de onun hangi okulda olduğunu öğrenmiştim. Gerçi utancımdan ve pısırıklığımdan kimseye soramamıştım ki ondan bir haber alayım.

Sabah bayram için aldığımız üniformayı giyerken çok heyecanlıydım. Okulda buluştuk. Aslında ben erkenden törenin yapılacağı kaymakamlığın önündeki alana gidip o güleç kızı bulmak istiyordum. Öğretmen, takım olarak hep birlikte gideceğimizi söyleyince doğrusu biraz gerildim. Mecburen hep birlikte gideceğimiz saate kadar bekledim.

Alana ulaştığımızda saat dokuz buçuk olmuştu. Meraklı gözlerle etrafı incelemeye başladım. Göremiyordum onu. Kim bilir nerede ve hangi öğrencilerin arasındaydı? Arkadaşlarımın olduğu yerden biraz uzaklaşıp diğer okulların sıra halinde beklediği yerlere doğru gittim. Kimseye çaktırmadan onların aralarına baktım yoktu. Beden eğitimi öğretmenimiz Oktay Bey'in bana seslenişiyle durdum. Arkadaşlarımın yanına dönerken öyle üzgündüm ki.

Tören başladı. Konuşmalar, şiirler, gösteriler, marşlar derken sıra geçit törenine geldi. Önde bando takımı, arkasında öğrenciler olduğu halde; kaymakam, belediye başkanı, komutan ve diğer büyük adamların bulunduğu kalabalığın önünden geçmeye başladı. Sıra bizim okula geldiğinde sıraya geçtik. İçimde bir burukluk vardı. Bir aydan fazla bir süredir görmeyi hayal ettiğim o cici kızı görememenin oluşturduğu hayal kırıklığıyla trampet mi çalıyordum, yürüyor muydum, sallanıyor muydum farkında değildim.

Ben yine de umudumu kaybetmek istemiyordum. Geçtiğimiz her yerde başım sağa dönük vaziyette seyircilere bakıyordum. Öğrencilerin arasında yoktu ama belki de seyircilerin arasındaydı. Yoktu biliyor musun, orada da yoktu. Sanki tüm Sivrihisar alana gelmişti ama bir tek o yoktu.

Tören bitti. Öğretmenimiz okula kadar bando çala çala gideceğimizi, o yüzden sırayı bozmadan dikkatli bir şekilde yürümeye devam etmemizi söyledi.

O cici kız olmadıktan sonra trampeti güzel çalmanın ne anlamı vardı ki.

Hükümet konağının önü kadar olmasa da caddenin sağı ve solu kalabalıktı. Ben, insanlara bakmaya devam ediyor ve onu göremedikçe trampete daha hızlı bir şekilde vuruyordum. Aklım nerelere gittiyse kendimi kaybetmişim. Oktay Öğretmen'in "Alişaaaaan, önüne baksana oğlum başını almış nereye gidiyorsun öyle?" diye bağırmasıyla durdum. Bir de ne göreyim, bizim sıranın yaklaşık bir buçuk metre önündeyim. Trampete baktığımda gözlerime inanamadım. Nasıl bir hırsla vurduysam trampetin derisi yarılmış ve ben o yırtık deriye vurduğumun farkında bile değilim.

Gülsem mi, ağlasam mı bilemedim.

TATİL HEYECANI

Köydeki okul şehir okullarından bir hafta önce tatil olmuştu. Babam hiç beklemediğim bir anda sürpriz bir şekilde Kahraman'ı alıp Sivrihisar'a getirmişti. Tatil olana kadar bir hafta sizin yanınızda kalsın, dedi. Çok sevindim.

Bizim okulda da dersler bitmiş, yazılı ve sözlü sınavlar tamamlanmıştı. Notlar idareye verildiği için öğretmenler notları listelere yazmanın telaşına düşmüşlerdi. Okulda ders yapan sadece bir öğretmenimiz vardı: Abdurrahman Öğretmen. Diğer öğretmenler bizi rahat bırakıyorlar, bazıları bahçeye çıkmamıza izin veriyorlardı. Hatta son üç gün öğleden sonraları müdür yardımcısı okulu paydos edip bizi eve bile gönderdi.

Kahraman, bizi böyle görünce dedi ki, "Sizin okulda okumak ne kolaymış." Haklıydı çocuk. Bizimle beraber okula geliyor ve bakıyor ki ders yok, bahçeye çıkıp geziyoruz. Eve gelince akşama kadar sokaktayız. Ya maç yapıyoruz ya da hava kararıncaya kadar misket oynuyoruz. Son hafta olunca teyzem de bizi çalışmamız için sıkıştırmıyor. Dolayısıyla çocuk belki de şehir okulunu hep böyle kolay ve eğlenceli zannetti. Bir akşam otururken dedi ki, "Ben de sizinle beraber okumak için okullar açıldığında buraya geleceğim."

Karnelerin alınacağı gün babam da traktörle Sivrihisar'a geldi. Yazın okulların tatil olduğu üç ay boyunca boşuna kira vermemek için eşyaları köye taşımaya karar vermişlerdi.

Karne alacağımız cuma gününün sabahı erkenden kalkıp okula gittik, yanımızda Kahraman da vardı. Heyecanlıydım çünkü notlarımı merak ediyordum. Bazı derslerin notunu biliyordum ama bazı öğretmenlerimiz karnede görürsünüz diye notumuzun kaç olduğunu söylemezlerdi. O yüzden merak ediyordum. Şubat tatilinde iki zayıfla köye biraz boynu bükük dönen ben acaba o iki zayıfı kurtarabilmiş miydim, şimdi nasıl bir karne alacaktım?

Öğretmen elinde karnelerle sınıfa girdiğinde çok heyecanlandım. Karnelerin arasında Takdir ve Teşekkür Belgeleri vardı. Adı okunan arkadaşımız tahtaya gidiyor ve karnesini öğretmenden alıyordu. Sıra bana geldi. Öğretmen, "Alişan" der demez soyadımı beklemeden fırladım yerimden. Öğretmen karneyi verirken, "Aferin

Alişan, bu dönem notlarını biraz yükseltmişsin" deyince Teşekkürü kaptım diye düşündüm. Karneyi uzattı, biraz bekledim ama belge vermedi. Yerime oturur oturmaz karneme baktım, tabii önce İngilizceye. Yedi almıştım. Arkasından da müziğe, ondan da sekiz almıştım. Hızla diğer notlarımı gözden geçirdim ve derin bir ohhhhh çektim. Zayıfım yoktu. Gerçi Teşekkür Belgesi de almamıştım ama olsun, bütünlemeye kalmadan doğrudan geçmiştim ya o da yeterdi bana.

Kenan yine teşekkür aldı.

Okul müdürü, her zamanki gibi yine konuşmaya başladı.

"Dinleyin çocuklar. Bugün ilk yaz tatiline giriyoruz. Derslerine zamanında çalışanlar iyi bir tatili hak etti. Biraz gevşeklik gösterenler, bütünlemeye kaldılar. Onlar yaz sıcağında biraz daha sürünecekler. Tatil demek yan gelip yatmak değildir. Derslerinizi unutmamak ve seneye daha iyi başlamak için zaman zaman konuları tekrar etmenizde fayda var.

Şimdi bir an önce evinize köyünüze gitmek için can atıyorsunuzdur. O yüzden fazla uzatmak istemiyorum. Ailelerinize selam söyleyin. Okullar açıldığında sizi yanınızda en az bir öğrenciyle görmek istiyorum. Toplumumuzun dürüst, saygılı, çalışkan, inançlı ve güzel ahlaklı insanlara çok ihtiyacı var. Allah nasip ederse eylül ayında yeniden görüşmek üzere Cenabı-ı Allah'a emanet olun."

Müdürün konuşması bittikten sonra okuldan ayrıldık. Bazı arkadaşlarım hüzünlüydü ama ben neşeli ve mutluydum. Eve geldiğimde baktım ki zaten azıcık olan eşyalar toplanmış. Hep beraber girişip ne var ne yoksa hepsini römorka yükledik. Teyzem evi süpürdü, anahtarı ev sahibine teslim edip vedalaştık. Önce Kenangilin köyüne uğrayıp onların eşyalarını indirdik. Arabada kalan bizim eşyalara bakınca gülüştük. O kadar azdı ki bir yaylı divan, ders kitaplarım ve defterlerim, kışın giydiğim kazak ve mont, bir döşek, yastık ve yorgan. Göçü yükledik diyorum ya hepsi bu kadardı işte.

ANNEM OYUNUMUZU BOZDU

Köyde en çok sevdiğim şeylerden biri taş, toprak ve çamurla oynamaktı. Çamuru karıp ondan garip oyuncaklar ve sıra dışı minik heykelcikler yapmaya bayılırdım. Ben, Kahraman, Cemil, Tahsin, Osman, Celil ve diğer akranlarımla bir araya geldik mi hemen avlunun bir köşesine oturur, topraktan yollar, çamurdan insanlar, taştan hayvanlar, tahtadan evler ve tenekeden oyuncaklar yapardık. Çoğu zaman üstümüz başımız toz toprak ve elimiz yüzümüz çamur olurdu. Bazen koşarken düşerdik, diz kapaklarımız ve dirseklerimiz kanar bazen taşa sürtünen elbiselerimiz yırtılırdı. Tabii bu da annemin hiç hoşuna gitmezdi.

Bir gün kalabalık bir grup olarak bizim avluda oynamaya başladık. Ben şehirde gördüklerime benzer güzel evler, geniş caddeler ve sokaklar yaptım. Evlerin etrafına tahtadan duvarlar sıraladım, evlerin arasına asfalta benzer yüksek yollar yaptım. Boyu bir kalem kadar olan çubuklar keserek onları yolların kenarına sapladım ve aralarına ip gererek şehirdeki gibi elektrik telleri yaptım. İrili ufaklı taşlar toplayarak onları kedi, köpek, koyun, kuzu ve sığır gibi sağa sola yerleştirdim. O kadar emek verdim ki sanki üç beş evden bir mahalle meydana getirdim. Diğer çocukların yaptığı köylerle benim yaptığım köyler arasında da elimizle toprağı düzeltip yollar yaptık. Oyuna öyle dalmışız ki usulca yanıma kadar gelen annemin bağrışıyla sıçradım.

— Bu ne oğluuuum?

— Oynuyorduk anne.

— Bu nasıl bir oyun be?

— Kendi aramızda usul usul oynuyoruz işte, sana bir zararımız yok ki.

— Zararın yok öyle mi, oğlum bu üst baş ne böyle? Kör müsün her tarafın çamur olmuş. Kim yıkayacak bunları?

— Bir şey olmaz anne, ben yıkarım.

— Yıkarsın öyle mi? Lan beni sinir etmeyin, kalkın def olup gidin.

— Ama anne biz oynuyoruz burada.

— Oğlum sen hiç mi beni düşünmüyorsun, akşama kadar elle çamaşır yıkıyorum, belim kopuyor.

Annem üzerime gelirken anlamıştım ne yapacağını. Yaptığım köyü yıkmaya geliyordu. Karşısına geçip yalvardım, "Anne dur ne olur bozma, tamam bir daha üzerimi batırmam."

Dinlemedi annem, elindeki süpürgenin sert tarafıyla popoma iki tane yapıştırdı, yaptığım evleri ve yolları ayağıyla darmadağın etti. Sonra diğerlerine dönüp bağırdı. Bir daha buraya gelmeyin, sizin kendi avlunuz yok mu, gidin orada oynayın.

Ağlayarak uzaklaştım oradan. Sanki annem gerçek evimi yıkmış gibi üzüldüm ve çok ağladım. Arkadaşlarıma karşı çok utanmış, yerin dibine girmiştim. Annemin bu anlayışsızca davranışı karşısında onların da mahcubiyeti her hallerinden belli oluyordu.

Benim arkadaşlarımla bir araya gelip de güzel güzel oynamam annemi neden bu kadar kızdırıyordu bilmiyorum. Kimle olursa olsun bir araya gelip oynamaya başladık mı hepimizin ortak bir sorusu olurdu: "Annen kızmaz değil mi?" Garantisi yoktu valla. Kızardı. O yüzden bizim bir gözümüz oyundaysa diğer gözümüz annemin gelebileceği tarafta olurdu.

Bir gün anneme sordum:

— Sen niye her zaman oynamamıza kızıyorsun?

— Oynamanıza kızmıyorum, üstünü batırmana kızıyorum.

— Başkalarının annesi kızmıyor ama.

— Kızmaz tabi.

— Onlar kızmıyorsa sen niye kızıyorsun?

— Onların yetişkin kızları var, gelinleri var. İşleri kolayca yapıyorlar. Ya benim kimim var? Yapayalnızım. O kadar işi tek başıma yapınca çok yoruluyorum, canım çıkıyor. Bir de sen üstünü batırınca, al sana bir yığın iş daha. Bunalıyorum anladın mı? Çok yoruluyorum.

— Ben oynamayacak mıyım?

— Oyna, sana oynama diyen yok ama üstünü başını batırmadan oyna. Hem sen artık okuyorsun. Şöyle temiz temiz kahvenin önüne git, milletin içine karış. Sana bir baksınlar, okuduğunu görsünler. Artık taşın, toprağın, çamurun içine girme.

— Kahvenin önünde büyük adamlar var, ben ne yapayım onların arasında? Ben oynamak istiyorum.

— Tamam, oyna ama bir daha üstünü batırırsan şu oklavayı alır, kafanda kırarım, anladın mı?

Sustum. O benim annemdi. Bize her ne kadar kızsa, bağırıp çağırsa ve üzerimizi batırıyoruz diye arada dövse de biz onun yüreğinin en güzel yerinde olduğumuzu çok iyi biliyorduk.

DEDEM ÖLECEK Mİ BABA?

Dedemi görmeye gittiğimde sordu:

— Yasin suresinin tamamını ezberledin mi?

— Evet dede.

— Peki Amenerrasuluyu?

— Onu da ezberledim.

— Cuma namazında müezzinlik yapabiliyor musun?

— Yapabiliyorum dede.

— Aferin sana, çok sevindim, koltuklarım kabardı.

Yatsı namazından sonra imamın okuduğu ayetleri okuduğumda dedem beni sevinç gözyaşları içinde dinlerdi. Hele cuma günleri yaptığım müezzinliğin onda oluşturduğu mutluluğu görmek her şeye bedeldi. Sırf dedemin yüzündeki o memnuniyet ifadesi için bile İmam-Hatip Okulu'na gittiğime değmişti.

Sıcak bir temmuz akşamında dayımın oğlu koşarak bize geldi ve anneme, "Dedem hastalandı, seni çağırıyorlar" dedi. Annemin ağlayarak gidişi uzun zaman gözlerimin önünden gitmedi. Durur muyuz, biz de arkasından koştuk. Dedem kapının önünde sandalyesinde fenalaşmış, yatağına uzatmışlar. Ertesi sabah dedemi doktora götürürlerken yanından ayrılmadım. Onu çok seviyordum ve ölmesinden korkuyordum.

Akşamüstü dedem doktordan geldi. İnce bir kâğıda sarılmış ve üzerine lastik çekilmiş bazı ilaçlar vardı dayımın elinde. Doktorun söylediğine göre bunları düzenli olarak kullanması gerekiyormuş. Her gün gittim dedemi görmeye, bazı geceler de yanında kaldım. O baygın bir şekilde yattığı için gözlerini açamıyor ve beni göremiyordu ama olsun ben onu görebiliyordum ya... Arada bir gözlerini açıp su istediğinde yerimden fırlayıp bir tas suyla geri dönüyordum. Yatağının ayakucu tarafına oturuyor, bildiğim bütün duaları ve özellikle de Yasin suresini okuyordum. Belki kulakları beni duymuyor ama sanki ruhu hissediyordu orada olduğumu.

Hiç unutmam, dedemin yatağının yanında bir tükürük kutusu vardı ve sık sık ona tükürürdü. Bazen öyle bir öksürüyordu ki, o öksürüğü duyan birisi onun ciğerleri sökülüyor zannedebilirdi. Arada bir o kutuyu götürür içindekileri boşaltır ve taze toprakla yarısına kadar doldurup geri getirirdim.

Doktordan geleli ne kadar zaman oldu bilmiyorum dedemin seslendiğini duyduk. Pamuk ebem hemen yatağının yanına gitti. Nefes almakta zorlanan dedem bir şeyler söylemeye çalıştıysa da sesini duyuramadı. Ertesi gün dedem biraz kendine geldi ve gözleri açıldı. Yavaş yavaş yatağında doğrulabiliyordu. İkindiden sonra eliyle işaret ederek beni yanına çağırdı.

— Hani okuldan kaçıyordun ya.

— Evet dede.

— Seni zorla tutup okula götürmüştüm hatırlıyor musun?

— Hatırlıyorum tabi, hiç unutmadım ki o günleri.

— Herhalde bana kızmıştın o zaman.

— ...

— Yine kızıyor musun?

— Hayır dedeciğim, kızmıyorum, tam tersine şimdi seviniyorum. Sen beni o zaman okula götürmeseydin Kur'an'ı bu kadar iyi öğrenemezdim, sureleri ezberleyemezdim.

— Bu sene okula yeniden gidersen Kur'an'ı ezberlemeye devam et tamam mı?

— Tamam dede.

— Seni böyle gördüm ya artık ölsem de gözüm açık gitmem. Baksana maşallah, ezan okuyorsun, müezzinlik yapıyorsun, Yasin okuyorsun.

Bir süre sustu dedem. Sonra fısıltı halinde konuştu.

— Şimdi benim üzerime bir Yasin okur musun?

— Tabii ki dede. Hemen başlıyorum.

Yasin'i okuduktan sonra, Pamuk ebem dedi ki, "Bak deden çok iyi, haydi sen bugün eve git ve güzelce uyu. Yarın tekrar gelirsin." Gittim eve. Yatarken babama sordum:

— Dedem ölecek mi baba?

— Kimin ne zaman öleceğini Allah bilir oğlum.

— Dedem bugün gözlerini açtı, benimle konuştu. İyileşir değil mi baba?

— İnşallah oğlum, inşallah.

Annem sabah erkenden uyanıp dedemin yanına gitmiş. Babamın hazırladığı kahvaltıya oturduk. Kahraman ve Nurgül'le her zamanki gibi şakalaşıp gülüşerek kahvaltı ederken salâ okunmaya başladı. O cıvıltılı çocuk sesleri imamın sesiyle kesildi. Salâ bittikten sonra imam "Köyümüz sakinlerinden Ali Osman Karakoç vefat etmiştir. Cenazesi bugün öğle namazından sonra defnedilecektir. Kendisine Allah'tan rahmet, geride kalanlara sabır diliyorum" dedi. Babamın ağzından dökülen, "İnna lillahi ve inna ileyhi raciun" sözleriyle sofrayı öylece bırakıp dedemgile koştuk.

Babam, dedemin yattığı odaya girdi. Çocukların ölü görmesi doğru değil diye beni almadılar. Kümesin önündeki boşluğa iki kazan kurdular ve içini suyla doldurup altını yaktılar. Köyün gençleri traktörle camiye gidip üzerinde kardeşimi de yıkadıkları yeşil renkli teneşiri getirdiler. Onu görür görmez Rafet geldi aklıma. Hani babamın bana yeni aldığı pantolonu giymek için dört gün yalvardığı ve benim de pantolonumu giymesine izin vermediğim altı yaşındaki kardeşim Rafet. Tam da pantolonumu giymesine razı olduğum ve giymesine izin verdiğim gün beni beklerken traktörün altında kalıp ölen kardeşim Rafet. Mezara götürülürken, ona vermediğim pantolonumu son bir kere giydirmek için koltuğumun altına kıstırıp tabutunun peşinden koştuğum Rafet...

Su ısındıktan sonra sekiz on kişi dedemi bir battaniyenin üzerinde taşıyıp teneşirin üzerine koydular. Sonra bir kenarda duran kilimlerin ucunu tutan komşular teneşirin etrafını öyle bir çevirdiler ki, dedemi nasıl yıkadıkları dışarıdan bakınca görünmüyordu.

Tabuta koyup helallik diledikten sonra kabristana doğru yola çıkan cemaatin arasına ben de karıştım.

Dedemin mezarını Rafet'in mezarına yakın bir yere hazırlamışlardı. Dört dayım birden mezara girdi ve dedemi kefeniyle beraber dikkatli bir şekilde mezara indirdiler. Sonra imam, Kur'an okumaya başladı. Ben bu sırada Rafet'in mezarına gidip başucuna oturmuştum.

Onunla geçirdiğim kısacık zaman bir film şeridi gibi gözlerimin önünden akıp gitti. "Keşke verseydim pantolonumu sana, keşke giydirseydim" dedim.

İmam, Kur'an'dan ayetler ve sureler okurken, ben de Rafet'in yanında, hem ona hem de dedeme Yasin suresini okudum. Rafet'e pantolon giydirmek kısmet olmamıştı ama dedeme Yasin okumak nasip olmuştu.

Mezardan dönerken yine birçok soru aklıma hücum ediyordu. İnsanlar niye ölüyor, hiç kimse ölmese olmaz mı, niye bazıları çocukken ölüyor da bazıları uzun yıllar yaşayabiliyor? Akrabalar öldükten sonra öbür dünyada buluşuyor mu, mesela dedemle Rafet birbirini görebilecek miydi, ölenler bizi görüyorlar mı, onlar öbür dünyadan izin alıp senede bir gelse, yanımızda bir hafta kalıp tekrar gitse olur mu, bir kişi öldükten sonra bir daha ölür mü?

Böyle hayallere dalmış yürürken bir de baktım dedemgile gelmişim.

Dedemin ölümü beni çok etkiledi. Hem üzüldüm hem düşündüm hem de kendi kendime bazı sözler verdim. İyi ki namaz kılmayı, ezan okumayı, müezzinlik yapmayı öğrenmişim, iyi ki Yasin suresini ezberlemişim, o hasta yatağındayken okumamı istediğinde iyi ki okumuşum. Bundan sonra sevdiğim insanları üzmeyeceğim, onların kalbini kıracak davranışlarda bulunmayacağım, okullar açıldığında derslerime daha çok çalışacağım, anneme babama daha çok yardım edeceğim, babaanneme çok iyi bakacağım. Babaannem seksen iki yaşını geçti, bakarsın o da bizi bırakıp Allah'ın yanına gider. Gerçi şimdilik daha sağlam, kendi işlerini kendi görüyor ama olsun insanın ne zaman öleceği belli değil, ben onun sağlığında onun için her şeyi yapmalıyım.

KAHRAMAN DA OKUMAK İSTİYOR

O yaz köy işlerinde daha çok çalıştım. Kahraman'la beraber kuzu güttük, biçilen arpaları ambara taşıdık, kırlardaki ağıllarda tezek toplamaya gittik, tarladan harman yerine sap taşıdık, düven sürüp saman yaptık. Ekinler biçilirken herkes sevinç içindeydi çünkü mahsul çok fazla çıkmıştı. Bu da babamın durumunun iyi olması yani biraz zenginleşmesi anlamına geliyordu. Artık bakkaldan daha çok kremalı bisküvi ve gazoz, Çerçi Ahmet'ten daha çok iğde, leblebi şekeri, keçiboynuzu gibi öteberi almaya başladık. Babam bana söz verdiği takım elbiseyi diktireceğini söylediğinde nasıl sevindim anlatamam.

Babam bir gün Sivrihisar'dan döndüğünde hepimize sürpriz yaptı, en büyüğünü de bana. Hepimize aldığı yeni ayakkabıların ve oyuncakların yanında bana bir de kol saati almıştı, hem de dayımın saati gibi müzikli olanından. İskarpinlerimi giyiyor, biraz yürüdükten sonra bakıyorum üzeri hafif toz olmuş, hemen ayakkabılarımın üzerini paçalarımın arkasına silip parlatıyordum. Bir de ne yaptım biliyor musun? Saati koluma taktığımda uzun süre kazağımın sol kolunu dirseğime kadar çemriyor, gömleğimin sol kolunu ise iç içe katlıyor ve dirseğime kadar çekiyordum, hatta saatimi herkes görsün diye sol kolumu kendimden biraz önde tutuyordum. Saatimi herkese gösteriyordum ama dayım gibi müziğini camide dua saatine ayarlamıyordum.

Bir gün ikindi üzeri eşikte oturmuş çekirdek çitleyip çay içiyorduk. En çok sevdiğim durumlardan biri ailece ve konu komşu bir araya gelip çay sohbetleri yapmaktı. O esnadaki muhabbetleri çok seviyordum. Kahraman bir ara hepimizi kendine döndüren bir cümle kullandı:

— Ben de ortaokula gitmek istiyorum.

— Ortaokula mı, sen mi?

— Hee ben.

— Bu da nerden çıktı şimdi?

— Ben köyde değil, şehirde büyüyeceğim. Benim de her şeyim yeni olsun.

— Köy işlerini kim yapacak, koyunları, danaları kim sığıra sürecek, onlara kim yem verecek?

— Bana ne ben de gideceğim ortaokula.

Sustu babam, dalıp gitti. Kim bilir neler düşünüyordu. Daha sonra birkaç defa konu açılsa da Kahraman'ın okula gitme isteğinin pek üzerinde durulmadı.

Okulların açılmasına bir hafta kala babama sordu:

— Beni de okula yazdıracak mısın baba?

— Hayır.

— Niye?

— Birinizi zor okutuyorum, ikinizi birden nasıl okutayım?

— Bu sene çok ekin çıktı.

— Olsun okutamam, hem nerede kalacaksın?

—Teyzemgilde kalırım, ağabeyimle beraber.

— Oğlum teyzenin derdi kendine yeter, bir de sen mi çıkacaksın, boşuna uğraşma okutamam seni?

Akşamları yatağa girdiğimizde çareler düşünmeye başladık. O küçücük aklımızla bir çocuğun daha okuyup annemin tabiriyle köyden kurtulmasının yollarını bulmaya çalışıyorduk. Birkaç akşam düşündük ama aklımıza bir çözüm gelmedi. Her yol gelip babamın, seni gönderemem, engeline tosluyordu.

Okulların açılmasına üç gün vardı. Dayım, at arabasıyla teyzemgile gidecekti. Kahraman bir şeyler söylemek istiyor da çekiniyor gibi duruşuyla gözlerini bana dikti, belli ki kafasında bir şeyler kuruyordu.

— Ben de dayımla gitsem olur mu?

— Nereye?

— Teyzemgile.

— Hani okula gidecektin?

— Onun için gideyim işte.

— Nasıl yaa, bir şey anlamadım?

— Şimdi ben teyzemgile gideyim, onlarla beraber Sivrihisar'a gideriz.

— Ya babam kızıp götürmezse?

— Götürür, götürür, beni orada tek başıma bırakacak değil ya. Buradan gittiğimi bugün söylemeyin. Pazartesi teyzem ısrar ederse belki babam beni de okula yazdırır.

Pazar günü durumu anneme çıtlattım, belki babam razı olur diye fazladan bir yastık ve bir yorgan daha yükledik arabaya. Köylerine vardığımızda durumu teyzeme de açtık. Zaten çocukları okutma sevdalısı olan teyzem bu duruma çok sevindi ve "Siz babanızın yanında bu konuyu hiç konuşmayın, onu ikna etmeyi bana bırakın" dedi.

Tek odalı ev bu kadar çok çocuğa yetmiyor diye, Celal eniştem bu defa iki odası ve bir mutfağı olan geniş bir ev tutmuştu. Eşyaları yerleştirirken teyzem konuyu açtı:

— Abidin, sana bir şey diyeceğim.

— Buyur baldız.

— Kahraman'ı da yazdırsak okula, nasıl olur?

Babam şaşırdı, bu da nereden çıktı, der gibi önce teyzemin yüzüne, sonra da benim yüzüme baktı.

— Yok baldız, o bizim elimiz ayağımız.

— Daha gençsin, işleri kendin yaparsın, olmadı bir çoban tutarsın, gel bu çocuğu ziyan etme.

— Baldız o da kalırsa biz köyde perişan oluruz, köyde bir sürü iş var.

— Aman köy işinde ne var, bacım da yapar işleri, hem Alişan'a da arkadaş olur, beraber gidip gelirler.

— Valla baldız ne desem ki, Alişan zaten sana haddinden fazla yük oluyor, şimdi bir de Kahraman fazla olur.

— Olmaz olmaz, Allah aşkına sen orasını hiç düşünme. Yük olup da ne olacak sanki, sofraya bir kaşık daha koyduk mu olur biter. Hem bak ev iki odalı, rahat rahat sığarız.

Daha fazla itiraz etmedi babam. Kahraman'ın planı tutmuştu. Babam onu da bizim okula yazdırdığında çok mutluydu. Hele öğleden sonra ona yeni giysi, ayakkabı ve çanta alındığında sevincinden havalara uçuyordu.

Okula orta birler gelince biz kendimizi kıdemli ağabeyler gibi görmeye başlamıştık bile.

Öğretmenlerin bazıları değişmiş, müdür yardımcısı gitmiş onun yerine adı Kadir olan yeni bir müdür yardımcısı gelmişti. İlk başlarda sakin gibi duruyordu ama bir süre sonra gerçek yüzünü göstermeye başladı. Meğerse bu adam bir siyasi görüşe aşırı bağlıymış. Başta açıkça söylemese de sonradan okuduğu gazeteyi cebinde taşırken büyük harflerle yazılan adını dışarıda bırakmaya özellikle dikkat ederdi. Hele okuduğu bir dergi vardı, onu getirir bazı bölümlerini sınıfta okur ve orada yazanları bize tavsiye ederdi.

Kendisi dindar olan Kadir Hoca namazlara özellikle dikkat ederdi. Yatsı namazında çarşıdaki Ulu Cami'ye gider, orada bir arkadaşımızı gördüğünde sınıfta onu öve öve bitiremezdi. Din Bilgisi dersimize giriyordu. İslam'ın insanları mutlu etmek ve huzura kavuşturmak için geldiğini anlatıyordu ama bizim en mutsuz ve huzursuz olduğumuz derslerden biri onun dersiydi.

"Gülümsemek sadakadır" derken kendisi kimseye gülümsemez ve bağırarak konuşurdu. "Kim ki bir kardeşinin kusurunu bu dünyada örterse Allah da öbür dünyada onun kusurlarını örter" diye nasihat eder ama kendisi sürekli milletin kusurlarına odaklanıp insanı rencide ederdi. "Ceketin nerde oğlum, okulda mont giymenin yasak olduğunu bilmiyor musun geri zekâlı, saçlara bak saçlara, zibidi misin nesin, bu ne lan, Avrupalılara mı özeniyorsun" diye azarladıktan sonra eline bir makas alır, saçı uzun olanları herkesi önüne çıkarır, önce alnından enseye kadar. Sonra da bir kulaktan diğerine kadar keser, o zamanki deyişle kafasına bir tren yolu yapar ve onu berbere gönderirdi.

Arkadaşlarının önünde gururu kırılmış, duyguları incinmiş arkadaşımız, berbere gider, saçlarını üç numara kestirir, mahcup bir şekilde sınıfa döner ve uzun süre kimsenin yüzüne bakamazdı.

Sınıfta kendisine kuzu gibi itaat eden arkadaşlarımızı kayırır, onları kendi tarafına çekmeye çalışırdı. Onun görüşlerini sevmeyip yaklaşmayan, ya da kafa karıştıracak sorular soran arkadaşlarımızı zeki olsalar da sevmez, onları dışlar ve her fırsatta ceza vermek için fırsat kollardı. Kendisinden yana olanlar ve olmayanlar şeklinde ayrım yaptığı ve derslerden önce bizim pek de anlamadığımız siyasi fikirleri öne çıkardığı için onu pek de sevmiyor ve söylediklerine güvenmiyordum.

İSTEYİNCE OLUYORMUŞ

Yaz tatilinde Tahsin köye gelmiş, çok beklememe rağmen Suna gelmemişti. Tahsin'in karnesi geçen senenin aksine çok iyiydi. Fen bilgisi dersinden başka zayıfı yoktu.

Bir gün onların avlusunda oynarken sordum:

— Maşallah bu sene süpersin. Bu sene sana ne oldu da böyle iyi bir karne getirdin, herhalde Eskişehir'in havası yaradı?

— Sorma Alişan, geçen sene yalnız başınaydım, yanımda benimle ilgilenecek, derslerimi soracak kimsem yoktu. Yemek hazır ve cepte de harçlık olunca biraz sorumsuz davrandım. Bir de gurbette olmak, aileden uzak kalmak hiç iyi bir şey değil, burada babam beni el üstünde tutuyordu ama şehirde öyle değildi.

Eskişehir'e taşınınca her şey değişti. Okulların açıldığı gün babam beni karşısına alıp, "Bak yavrum, sen benim biricik oğlumsun, senin geleceğin için köydeki kurulu düzenimizi bozup buraya geldik. Okumanı ve bir meslek sahibi olmanı istiyorum. Geçen sene yurtta kaldın olmadı. Bu sene bir de böyle deneyelim. Sana güveniyorum, bak eğer istersen başarılı olursun. İstemiyorsan şimdiden söyle, biz de ona göre fazla umutlanmayalım. Haydi hayırlısı olsun" dedi. Okul eve yakın, dersler biter bitmez eve geliyorum. Ablalarım derslerimi her gün kontrol ediyorlar. Sonuçta başardım şükür. Anladım ki isteyince oluyormuş.

— Suna da sizin okuldaymış, görüşüyor musunuz?

— Hee, bizim okulda, onu arada bir görüyorum ama konuşmadık. O biraz içine kapanık, pek arkadaşı yok. Okuldan çıkar çıkmaz eve gidiyor. O adım atmayınca ben de üstelemedim.

— Onun dersleri nasıl?

— Ablam söyledi. Çok iyiymiş, birinci dönem Teşekkür almış, ikinci dönem de Takdir. Zaten ablam ikide bir onu örnek gösterip duruyor: "Sen niye az çalışıyorsun. Bak Suna'yı görüyor musun, kötüce başıyla nasıl da yüksek notlar alıyor. Kızın evlerinde doğru dürüst eşyaları bile yok ama hedef koyduğu için başarılı oluyor. Herkese diyormuş ki ben doktor olacağım. Ya sen? Daha ne olacağını bile bilmiyorsun, babam her şeyi hazır ediyor ama boşuna." Ablam böyle konuştukça benim de canım sıkılıyor, içimden Suna'ya bile kızıyorum.

— Suna'ya mı, onun ne suçu var da kızıyorsun?

— Ya ne bileyim işte.

Suna'nın Takdir aldığını duyunca benim içimde de garip duygular oluştu. "Vay be, demek bizim minik Suna Takdir almış, benim daha bir Teşekkür belgem bile yok" dedim kendi kendime. Hem sevindim hem de biraz kıskandım onun başarısını. Hâlbuki biz Melek Öğretmen'in gösterdiği yolda beraber ilerleyecektik. Suna doğru yolda ilerliyordu da ben neredeydim. O Takdir alacak kadar başarılı olurken ben ne yapıyordum.

Tahsin, gurbette olmak, aileden uzak kalmak hiç iyi bir şey değilmiş, deyince kendimi düşündüm. Geçen yıl yaşadıklarım, özellikle de babama beni buradan kurtar, diye yazdığım mektup geldi aklıma. Onu anlayabiliyordum çünkü ben de aynı şeyleri yaşamıştım. Şimdi de yaşıyordum ama Kahraman'ın yanımda olması beni biraz daha rahatlatıyor ve aileden uzak olmanın üzüntüsünü hafifletiyordu.

İLK AŞK'IN DAYAĞI

Biz yedinci sınıfa geçtiğimiz yaz Züleyha ilkokul beşinci, Hasan üçüncü sınıfa geçti. Merve de ilkokul birinci sınıfa başladı. Evde üç ortaokul, üç de ilkokul öğrencisi vardı. Bir de bir yandan hepimizin giyimini kuşamını, yemesini içmesini ayarlamaya çalışan, bir yandan hepimizin dersleriyle, okuluyla ilgilenen, bir yandan komşularla iyi geçinmeye çalışan teyzem. Kısaca kendisi ilkokul üçüncü sınıfa kadar okuduğu halde bizi daha yukarılara taşımaya çabalarken kendi hayatını unutup bizim için hayat mücadelesi veren teyzem.

Yeni taşındığımız evin hafif çaprazında oturan komşumuzun evinde televizyon vardı. Akşamları perdeyi çekmedikleri zaman biz de taa bizim evden onların televizyonunun ekranını görürdük. Bazen perdeyi yarım kapatırlardı ve biz ekranın yarısını görebilirdik. Tabii onların penceresine baktığımız anlaşılmasın yani ayıp olmasın diye biz de perdeyi çeker, iki santimlik bir aralık bırakır, oradan gizli gizli seyretmeye çalışırdık. İki santimlik aradan sadece bir kişi seyredebildiği için, sıraya geçer, ikişer üçer dakika arayla bakardık. Bazen heyecanlı bir şey olduğunda aralıktan bakan sırayı vermek istemez, "Ya durun bi, şu anda çok heyecanlı bir şey oluyor" diye çekilmek istemezdi. Durur muyuz, diğer üçümüz bir olup onu iter ve kendimiz seyretmek için uğraşırdık.

Kenan bir gün teyzeme sordu:

— Biz ne zaman televizyon alacağız anne?

— Hiçbir zaman.

— Ne olur alsak?

— Neyle alacağız?

— Parayla.

Beş yüz lirayı bir arada göremeyen, elindeki azıcık parayla bizi meyveden mahrum etmek istemediği için pazara son zamanda gidip kalanları azıcık bir fiyata alan teyzemin çaresizlik içinde verdiği cevap içime oturdu.

— Hangi parayla, sen o televizyonun kaça alındığını biliyor musun?

— Of yaa, niye bizim de çok paramız yok.

— İşte ben size ne diyorum, siz de okuyun, kazanın memur olun, maaşını cebinize koyun, gidin taksitle bir televizyon alın. O zaman oh, ne güzel, gel keyfim gel.

— Oho ho. Ölme eşeğim ölme. Ben şimdi seyretmek istiyorum.

— Televizyon sırası değil, şimdi olsa başından kalkmazsınız, sizin işiniz önce derslere çalışmak, boşuna mı bekliyoruz bu gurbette?

Ulu Cami'nin yanında bir öğretmenler lokali vardı. Farklı okullardan öğretmenler akşamları orada toplanır okey oynarlardı. Ayrı bir bölümde de televizyon vardı. İsteyen öğrenciler gelip orada televizyon seyredebilirdi. Pazar günü öğleden sonra maç yayınları olurdu. Birkaç defa maç seyretmeye gitmiştik. Pazartesi günü futbolcuların boy boy fotoğrafları, kalecilerin kurtarışları ve maçtan enstantaneler gazetelerin spor sayfalarında basılırdı. Ben Galatasaray'ı tutuyordum, Kenan ve Kahraman Fenerbahçeli, Hasan da Beşiktaşlıydı.

En çok özendiğimiz neydi biliyor musun? Hani bizim hocalar saç uzatmamıza kızarlar ve uzun saçlı birini gördüler mi hemen kestirirlerdi ya, işte biz televizyonda futbolcuların uzun saçlarını gördük mü ona imrenirdik. Hele de bir atak anında koşan futbolcunun saçları rüzgârın etkisiyle arkaya doğru uçuşur, bazen de yüzünü örterdi ve o futbolcu saçlarını iki eliyle arkaya doğru düzeltmesi yok mu, bu hareket beni bitirirdi. Şu okul bitsin ben de saçlarımı böyle uzatacağım, dediğimde teyzem kızardı. O da uzun saçı sevmez, içine bit düşer diye korkardı.

Bir gün sınıfta laf uzun saçtan açıldı. Kadir Hoca, "Saç uzatmak sünnettir, peygamberimiz de saçını uzatır, ortadan ikiye ayırır ve arkadan bağlarmış" dediğinde, şaşkınlıkla "Bizim de uzatmamıza neden kızıyorsunuz, peygamberimizin sünnetine uymamıza engel oluyorsunuz" diye sormuştum. Verdiği cevap sorduğuma soracağıma pişman etti beni:

— Lan sivri zekâlı bütün sünnetlere uydun da bir tek saç uzatma mı kaldı?

Ne diyeyim ki, sustum, çünkü elinde sopayla yavaş yavaş benim oturduğum tarafa doğru geliyordu.

Bir kış günüydü. Salı akşamları televizyonda sinema filmi yayınlanırdı. Ben, Kenan ve Kahraman televizyona bakmak için öğretmenler lokaline gittik. Pansiyonda kalan birkaç arkadaş da geldi. Filmin ortalarına doğru bazı hocalarımız da geldiler. Yatsı namazından çıkmışlar. Kadir Hoca bizi görünce önce hepimizi tek tek gözden geçirdi ve sonra da dudaklarını hafifçe sıkıp başını, ben bunun hesabını size sorarım, der gibi öne arkaya salladı.

Ertesi gün onun dersi vardı. Akşam lokalde gördüğü herkesi tahtaya kaldırdı ve sözlü sınav yapmaya başladı.

— Söyle bakayım yavrum, teyemmümün farzı kaçtır?

— Bilmiyorum hocam.

— Sen söyle yavrum, necasetten taharet ne demek?

— Unuttum hocam.

— Öyle mi, demek unuttun. Peki sen söyle oğlum, peygamberimizin sütannesinin adı nedir ve efendimiz onun yanında ne kadar kalmıştır?

— Şeyy, hocam sütannesinin adı Âmine'ydi, yanında ne kadar kaldığını biliyordum da şimdi unuttum, tam da dilimin ucunda ama hatırlamıyorum.

— Âmine mi, lan geri zekâlı annesini sormuyorum, sütannesini soruyorum.

— Heyecandan karıştırmışım hocam.

— Demek karıştırmışsın öyle mi? Tamam o zaman başka bir soru sorayım, akşam televizyonda yayınlanan filmin adı neydi?

— İlk aşk.

— Başrolde kim oynuyordu?

— Zeynep Değirmencioğlu.

— Başka?

— Seyyal Taner.

— Peki erkek oyuncu?

— Muzaffer Tema.

— Aferin size, peki üçüncü halifenin adı neydi?

— ...

— Hımm, demek heyecan bazı şeyleri unutturmuyormuş değil mi?

Biz tahtada beklerken arkasını döndü, öğretmen masasının yanındaki küçük dolaba yöneldiğinde anlamıştım o meşhur korku veren sopasını almaya gittiğini. Tahmin ettiğim gibi de oldu, sopayı aldı, geri döndü ve yanımıza geldi. Ben korkudan titremeye başlarken yavaş ama insanın içini ürperten bir sesle seslendi:

— Açın ellerinizi.

Ellerimizi çaresizce uzattık ona doğru. Özcan'ın elleri titriyordu. Sopayı ellerimize var gücüyle indirirken konuşmaya devam ediyordu:

— Bizim en çok sevmemiz gereken ilk aşkımız Hz. Muhammet'tir. Sütannesinin adı Halime'dir. Mini etek giymiş baldırı çıplak kadınlara bakmak caiz değildir. Gözlerinizi haramdan korumanız lazım. Demek siz bir kere seyrettiğiniz filmin artistlerini bir defada öğreniyorsunuz ve iki yıldır tekrar etmenize rağmen teyemmümün farzlarını bilemiyorsunuz. Necasetten tahareti bilmeden nasıl namaz kılıyorsunuz oğluuuuum?

Yerimize geçerken, bir daha o lokale gitmem, dedim kendi kendime ve senin anlattığın şeylere de inanmam.

O günden sonra bir daha öğretmenler lokaline gitmedim. Teyzem akşam oturmalarına giderken sorduğumuz ilk soru şuydu: "Televizyonları var mı?" Biz, televizyonu olan eve gitmek için çırpınırken teyzem bizi oraya götürmek istemez, aksine televizyonsuz evlere götürmek isterdi. "Televizyona alışırsanız canınız ders çalışmak istemez" derdi.

SEN HİÇ NEDEN OKUDUĞUNU DÜŞÜNDÜN MÜ?

Okullar açıldıktan bir hafta sonra okula yeni bir öğretmen daha geldi. Sosyal Bilgiler dersine girdiğini duyduğumuz Adil Bey sabah sıraya geçtiğimizde, hem insanda saygı uyandıran ciddi duruşu hem samimi bakışı hem de insanın içini ısıtan içten gülümsemesiyle farklı birine benziyordu. Daha ilk derste ona çok ısındık. Önce hepimizle tek tek tanıştı, nereli olduğumuzu, babalarımızın ne iş yaptığını, kaç kardeş olduğumuzu, nerede kaldığımızı sordu. Sıra bana geldiğinde ayağa kalktım:

— Senin adın ne?

— Alişan Kapaklıkaya.

— Sen hangi köydensin?

— Sığırcık köyünden.

— Yakın mı buraya?

— Kırk beş km hocam.

— Senin de baban çiftçi mi?

— Evet.

— Burada nerede kalıyorsun?

— 6-A sınıfında bir kardeşim daha var, onunla beraber Kenangilin evde kalıyoruz, teyzem bize bakıyor.

— Kenan'la teyze çocuklarısınız yani.

— Evet.

— Kaç kardeşsiniz?

— Önce beş kardeştik, sonra dört oldu.

— Nasıl yani, birine ne oldu?

— Öldü öğretmenim dedim ve ağlamaya başladım.

Evimizin minik kuşu Rafet geldi gözlerimin önüne, onu çok özlediğimi fark ettim. Yaşasaydı seneye o da bizimle beraber şehre okumaya gelirdi diye düşündüm. Adil Hoca yerinden kalktı ve yanıma geldi. Elini başımın üzerine koydu, sonra da ensemden boynuma doğru indirdi ve sırtımı sıvazladı. "Allah rahmet eylesin, demek Allah onu sizden çok sevmiş de yanına almış" dedi. Sesi o kadar güven verici ve rahatlatıcıydı ki... Beni sakinleştirdikten sonra tekrar öğretmen masasına doğru gidip yerine oturdu ve öğrencileri tanımak için sorular sormaya devam etti. Son öğrenciyle konuştuktan sonra kendinden bahsetmeye başladı:

— Ben de çoğunuz gibi köyde doğdum, neler yaşadığınızı ve ailelerinizin sizi okutmak için verdiği mücadeleyi anlayabiliyorum. Ben, sizin gitmek istediğiniz yollardan geçmiş birisiyim. Önümüzdeki zaman içerisinde işleyeceğimiz dersler önemli mi, tabii ki önemli ama ondan daha önemli şeyler var.

Öğretmeni ilgiyle dinlerken nelerin derslerden daha önemli olabileceğini merak etmeye başladım.

— Derslerden daha önemli şeyler ne hocam?

— Örneğin senin bir hedefin var mı yavrum?

— Evet hocam, var.

— Nedir o?

— Okumak.

— Tamam, okumak da nasıl okumak, sen niye okuyorsun?

Durdum ve kendi kendime sordum. Sahi benim okumaktaki amacım ne, niye buradayım? Benimle ilgili herkesin bir amacı vardı. Teyzeme göre okuyup ekmeğimi elime almak, anneme göre maaşlı olup sırtımı devlete dayamak, Kadir Hoca'ya göre dava adamı olmak, okul müdürüne göre dinimizi en güzel bir şekilde temsil etmek, babama göre terbiyeli, saygılı ve güzel ahlaklı bir insan olmak, rahmetli dedeme göre, Kur'an'ı ezberlemek, müezzinlik yapmak. Peki, benim amacım neydi? Biraz düşündükten sonra buldum. Aynur'a gününü göstermek, elime diplomayı alıp bana geri zekâlı diyen o kıza hava atmak.

Beynimden bu düşünceler şimşek hızıyla geçerken Adil Hoca devam ediyordu:

— İnsan kendi kendine küçük de olsa hedefler belirleyip onlara ulaşmak için çalıştı mı daha başarılı olur. Şimdi sizden şunu istiyorum. Birkaç gün düşünün. Sizin hedefiniz ne, niye bu okuldasınız, ne için okuyorsunuz, buna biraz kafa yorun olur mu?

Önümüzdeki Sosyal Bilgiler dersine kadar geçen bir haftada aramızda en çok konuştuğumuz konu bu sorunun cevabıydı. Amacım ne, niye okuyorum, okula neden geliyorum, okulun sonunda ne olmasını bekliyorum? Akşam uyumadan önce bu soruyu düşünmeye devam ediyordum. Hayalimde okulun bittiği güne gittim. Okulu bitirmişim, diplomayı alıp köye gitmişim, takım elbisem ve cilalı iskarpinlerimle Aynur'un karşısına geçmişim, diplomamı kıvırıp onun gözüne sokmuşum, içimdeki bütün öfkeyi boşaltmışım. Eee sonra? Sonrası yok. Yani tüm çabam bunun için miydi, babamın uğraşması, teyzemin çırpınması, duyduğum azarlar, yediğim dayaklar, çektiğim gurbetlikler sadece bunun için miydi?

Canım sıkıldı, kafam karışmaya başlıyordu.

Gerek Adil Hoca'nın insana cesaret veren yaklaşımı, gerekse dedem için kendime verdiğim söz gereği geçen seneye göre derslerime daha çok çalışıyordum. Akşamları evde ders çalışmaktan başka yapacak bir şey yoktu. Televizyonumuz yoktu ki onun karşısına geçelim ve açıldığı saatten kapandığı saate kadar yerimizden kalkmadan onu seyredelim.

Birinci yazılılardaki notlarım önceki seneye göre yüksekti. Arkadaşlarla bazen Kurşunlu Camii'ne gidiyor, oradan Hüseyingile uğruyor, Ayşe ablasının yaptığı kurabiyeleri çayla birlikte yerken Musa Hoca'nın sohbetini dinliyorduk. Musa Hoca'nın sözleri sanki sadece ağzından çıkmıyor, taaa kalbinin derinliklerinden süzülüp geliyordu. Ağzından Hz. Muhammed kelimesi çıkarken gözleri yaşarıyor, onun hayatını anlatırken yüzünde doyumsuz güzellikte bir gülümseme oluşuyordu.

— Peygamberimiz aleyhisselatu vesselamın ne kadar hoşgörülü olduğunu biliyor muydunuz çocuklar? Bir gün namaz kılarken torunları gelip dizlerine yapışırlar. Peygamberimiz secdeye kapandığında torunlarından biri sırtına oturur. O yüce insan küçük yavrulara kızmak yerine onları rahatsız etmemek üzere secdeyi uzatır da uzatır. Onlar indikten sonra namazını tamamlar. Yani anlayacağınız Allah'ı memnun edeceğim diye o masum yavrulara kızıp sesini yükseltmez ve onları üzmez.

Musa Hoca'yı dinlerken bir yandan da Kadir Hoca'yı düşünüyordum. Allah'a olan imanını ve peygamberimize olan sevgisini göstermek için elimize yediğimiz kalın sopalar, tahtanın önünde azarlanıp rencide edilmeler, gördüğümüz hakaretler...

Din bilgisi, onun korkutarak ezberlettiği ve bizim çabucak unuttuğumuz o şeyler miydi, yoksa hiçbir mecburiyeti olmadığı halde Musa Hoca'nın içinden gelerek anlattığı, bizim de severek dinlediğimiz bu dersler miydi?

Okul yerine Kurşunlu Cami'sine gelsek herhalde daha çok şey öğrenecek, öğrendiklerimizi günlük hayatımızda uygulayacaktık.

Bu çay sohbetleri Hüseyin'le aramızdaki samimiyeti o kadar çok artırdı ki ben, Kahraman, Kenan ve Hüseyin kardeş gibi olmuştuk.

Bir akşam bu samimiyetimize hiç yakışmayan bir olay oldu. Hep beraber bir pazar akşamı hamama gittik. Zaten hafta içi yıkanmaz, haftada bir kez hamama giderdik. Hamam çıkışı soyunma odasında ne olduysa aramızda tartışma çıktı ve şiddetlenerek kavgaya dönüştü. Hüseyin yüzüme öyle bir yumruk attı ki burnumdan kan gelmeye başladı. Ben de o öfkeyle onun temiz gömleğini kapıp onunla burnumdaki kanı sildim. Bembeyaz gömleğini öyle kanlı görünce, ya ben yarın ne giyip okula gideceğim, diye bağırdı. İyice kabaran öfkesini kontrol edemeyip üzerime yürüdü ve bana yeniden yumruk atmaya kalktı. Kenan'la Kahraman araya girip beni kurtardılar.

Bir iki gün konuşmayıp küs durduk. Bizi barıştırmak için arkadaşlarımız araya girse de inat edip barışmadık. Üçüncü gün birbirimize küs olarak okula giderken birden durdu, elini bana uzattı ve "Haydi barışalım" dedi. Önce tokalaştık, sonra da sarıldık ve barıştık. Sonradan söylediğine göre babası demiş ki, peygamberimiz buyuruyor ki, müminler üç günden fazla birbiriyle küs durmazlar.

Eğer babası ona bunu anlatmasaydı bana yaklaşmazdı, ben de gurur meselesi yapar ve ondan uzak dururdum. Böyle zor veya sıra dışı anlarda insanı tanıyan, iyi anlayan ve ona yol gösteren büyüklerinin olması ne güzelmiş. Bazen tartışma ve kavgalarda bazı arkadaşların birbirini dolduruşa getirip kendini ezdirme, sakın alttan alma, o bir yumruk vurduysa sen iki tane vur, haydi koçum göreyim seni, şöyle aslansın, böyle kaplansın, sen onu parçalarsın, gibi gereksiz dolduruşlara getirişini gördükçe, Musa Hoca gibi güzel kalpli insanların değerini daha iyi anlıyorum.

İnsanın içinde birikip kabaran öfke doğru bir şekilde boşaltılmadığında, umulmadık yerde birilerine zarar verecek şekilde boşalıyor ve insanı geri dönülmez yollara sürüklüyor. Öfkesi gittikten sonra insan sakinleşiyor, yaptığının ne kadar yanlış olduğunu anlıyor ama iş işten geçiyor. Bunu özellikle kendi aramızda yaptığımız mahalle maçlarında çok görüyordum. Bir gol, bir penaltı veya bir faul uğruna birbirimize bağırıyor, akla hayale gelmedik şekilde hakaret ediyor, birbirimizin üzerine yürüyor ve maçtan sonra da değmezmiş, diye pişman oluyorduk.

Atalarımızdan biri ne güzel söylemiş: Öfkeyle kalkan zararla oturur.

KEŞKE BU OKULA GELMESEYDİM

Öğretmenin itici davranışları ve öğrenciler arasında ayırımcılık yapması nedeniyle sınıfın tamamına yakınının sevmediği Din Bilgisi dersindeydik. Kadir Hoca, yine ne kadar bilgili olduğunu ispatlamak için kullandığı ağır kelimelerle ve bizim kolay kolay anlamadığımız cümlelerle dersi anlatırken köyümüz canlandı hayalimde. Aynı sırada oturduğumuz Kenan'a doğru eğilerek kulağına fısıldadım:

— Kenan.

— Efendim.

— Köyü çok özledim.

— Çok oldu sen köye gitmeyeli.

— Evet ya. Babamı, annemi, kardeşlerimi, babaannemi özledim. Kuzuların meleşerek koşmalarını, kedinin miyavlamasını, tavuklara yem vermeyi, kuzu gütmeyi öyle özledim ki.

— Biraz daha sabret, tatile az kaldı. Fazla uzatma, hoca görürse çarpar ikimize de. Teneffüste konuşuruz.

— Bir aydan çok var tatile.

Biz Kenan'la fısıldaşırken Kadir Hoca'nın gıcık sesiyle irkildik.

— Siz ikiniz, ne konuşuyorsunuz orada?

— Biz mi? Şeyyy, hiç hocam.

— Hiç mi, yahu siz benimle dalga mı geçiyorsunuz?

— Hayır hocam, Kenan'a köyü özlediğimi söyledim de.

— Köyü mü özledin?

— Evet hocam.

— Demek köyü özledin. Oğlum aklın köydeyse sınıfta ne işin var. Çık git o zaman köye. Koyun mu güdersin, dana mı güdersin, çapaya mı gidersin, amelelik mi yaparsın. Burası Dingo'nun ahırı mı?

Kadir Hoca'nın ürkütücü ses tonuyla olduğum yerde kalakaldım. Korkumdan ağzım kurudu. Nefesimi bile sessizce alıp vermeye başladım. Utancımdan başımı öne eğdim, göz kapaklarımı kaldırmaya cesaretim yoktu. O yine beni azarlayarak konuşmaya devam ediyordu.

— Mal mısın oğlum sen? Biz iki kelime daha öğretelim diye boğaz patlatıyoruz, beyefendi kalkmış köyünü özlediğini söylüyor. Tamam, o kadar özlediysen yarın babanı çağırayım da gelsin ve seni alıp götürsün köyüne.

Değil dakikalar, saniyeler geçmek bilmiyordu. Hiçbir öğrencinin yaşamak istemeyeceği bu durumdan kurtulmak için ne yapacağımı bilemedim. İçimden dedim ki, şimdi kapı çalsa, babam içeri girse, sen benim oğluma bağıramazsın dese, bu zalim hocanın yakasına yapışsa, alnının ortasına da bir yumruk atsa ve beni alıp götürse...

Geriye dönüp öğretmen masasına doğru ilerleyen Kadir Hoca bakışlarını tüm sınıfın üzerinde gezdirerek konuşmaya devam ederken imdadıma teneffüs zili yetişti.

— Adam olun oğlum, adam olun. Biraz medeni olmayı öğrenin. Köylerinizden çıktınız artık. Bedeniniz burada ama görüyorum ki bazılarınızın aklı hâlâ köyün dışına çıkamamış. Haydi, şimdi teneffüse çıkın, sınıfta kimse kalmasın. Bugün nöbetçiyim, öğle namazını cemaatle kılmak için hepinizi mescitte bekliyorum ona göre.

Kadir Hoca öğle namazlarını cemaatle kılmamızı ister hatta bizi buna zorlardı. Cemaatle namaz kılmayanları azarlar, milletin içinde rencide eder hatta bazen daha da ileri gidip namaza gelmeyenleri döverdi.

Normal günlerde cemaatle namaz kılanların sayısı fazla değilken, onun nöbetçi olduğu ya da namaza geldiği günlerde mescit tıklım tıklım dolardı.

Ertesi gün öğleden önceki son dersten çıkınca ne göreyim. Babam okulun giriş kapısında duruyordu. Babamı hiç beklemezken birdenbire karşımda görünce hem şaşırdım hem sevindim hem de biraz korktum. "Eyvah!" dedim kendi kendime, "Yoksa Kadir Hoca babama haber gönderip beni okuldan alması için kendisini mi çağırdı?"

Tedirgin, şaşkın ve ürkek adımlarla babama doğru yürüdüm. Meraklı bakışlarla yüzüne bakarken elini öptüm.

— Hoş geldin baba.

— Hoş bulduk oğlum.

— Bir şey mi oldu? Seni burada görünce korktum.

— Bir şey yok oğlum. İbrahim amcanın bir işi varmış, ben de binip geldim onunla.

İçimden derin bir ohh çektim. Demek Kadir Hoca çağırmamıştı.

— Acıktınız mı?

— Hee. Çok acıktım. Kahraman'ı da alıp Kenan'la eve gidecektik.

— Haydi sizi lokantaya götüreyim.

Kulaklarıma inanamadım. Kenan'la göz göze gelince anladım onun da çok sevindiğini. Kahraman'ı da bulup her zaman yemek yeme hayalini kurduğumuz çarşının ortasındaki Kanaat Lokantası'na doğru yola çıktık.

— Anam ne yapıyor?

— İyi, çok selamı var sana. Gözlerinden öp, dedi.

Babam durdu, eğildi gözlerimden öptü. Köyde olsa, bir gören olur da ayıplar mı, diye çekinip öpemezdi. Nasıl olsa ilçede kendisini pek tanıyan yoktu.

Lokantaya girince zannettim ki herkes bana bakıyor. Garson gelip ne istediğimizi sordu. Babam, neler var, deyince garson hızla öyle bir liste saydı ki çoğunu anlamadım, bazı yemek isimlerini de hiç duymamıştım.

Babamla Kenan tas kebabı, Kahraman kuru fasulye istedi. Ben biraz havalı olsun diye adını daha önce hiç duymadığım musakka istedim. İçimden, kim bilir ne kadar değişik ve güzel bir yemektir, dedim. Garson, "Yanında komposto da ister misin?" diye sorunca Kahraman'a doğru bakıp, "Evet" dedim. Garson bir elinde iki, diğer elinde bir olmak üzere üç tabağı birden getirdi. Babamla Kenan'a tas kebabını verdi, Kahraman'ın önüne de kuru fasulyeyi indirdi. Ben heyecanla beklerken gitti ve aldığı tabağı önüme indirdi. Tabaktaki yemeği görünce şaşırdım. Aaa o da ne? "Ben patlıcan istememiştim" deyince babam kahkahayı attı, garson da gülümsüyordu. Kahraman'la Kenan'ın alaylı gülüşmeleriyle yerin dibine girdiğimin farkında değildim. Meğerse anamın haftada üç-dört gün pişirdiği patlıcanın adı şehirde musakkaymış. Nasıl utandım, nasıl kızarıp bozardım anlatamam. Garson kompostoyu getirmek için gittiğinde bu sefer aklıma bir soru geldi. Acaba komposto neydi?

Gelince öğrendim, anamın sık sık yaptığı hoşaf olduğunu. Daha fazla rezil olmamak için "Bunu da istememiştim" diyemedim. Babam, istersen başka bir şey ye oğlum, dese de utancımdan sesimi bile çıkaramadım ve ne hayallerle geldiğim lokantadan, evde çokça yemekten neredeyse bıktığım patlıcanı yiyerek ve sosyetik adı komposto olan hoşafı içerek çıktım.

Babamla beraber Ulu Cami'nin önündeki parkta oturduk. Köyü çok özlediğim için babama sürekli köyle, annemle, kardeşlerimle ilgili sorular soruyordum. Birer çay içtikten sonra Kahraman telaşla sordu:

— Öğle namazını cemaatle kılacaktık, geç kalıyoruz.

Ben babamdan ayrılmak istemiyordum ki. Ona yaklaşıyor, çaktırmadan kokusunu içime çekiyor, ikide bir kolundan tutuyordum. Köyün kokusu ne de güzel sinmişti babamın üzerine.

— Biraz daha duralım yetişiriz.

— Ezana iki dakika var, biz gidene kadar namaz geçer.

— Bir şey olmaz yaa...

— Ya haydi gidelim, senin yüzünden dayak yiyeceğiz.

İstemeye istemeye kalktık. Babamın elini öperek vedalaşırken öğle ezanı okunmaya başladı. Ezan sesi içimdeki korkuyu tüm vücuduma yaydı. Babamdan biraz uzaklaşıp gözden kaybolunca koşmaya başladık. İçimizdeki Kadir Hoca'yı görürüz endişesi ve dayak yeriz korkusu bacaklarımıza öyle bir güç vermişti ki anlatamam. Allah'ın bizi sevgiyle çağırdığı ve bizi iyi insan yapacak namazın vereceği huzurun yerini, bizi azarlayarak, arkadaşlarımızın önünde rezil ederek ve döverek çağıran adamın kaygısı almıştı. Alnımdan ve boynumdan ter akıyordu. Nasıl bir koşmaktı öyle...

Okulun bahçe kapısından nasıl girdiğimizi hatırlamıyorum. Mescidin olduğu koridora dönmemle olduğum yere çakılmam bir oldu. İşte oradaydı. Ellerini arkada gizlemiş, başını hafifçe öne arkaya sallar bir şekilde bekliyordu. Üçümüz zaten dönüp başka yere gitmeyi düşünmeden kurbanlık koyunlar gibi gidip önünde yan yana dizildik. Önce bakışlarını üzerimizde gezdirip sessizce hepimizi sırayla süzdü. Ne olacağını bilmeden beklemek işkence gibiydi. İnsanın içine korku salan o sert sesiyle ürperdim:

— Neredesiniz oğlum siz, namazda göremedim hiçbirinizi.

Korkak, pısırık, ürkek ve çaresiz bir sesle fısıldadım:

— Hocam babam gelmişti de.

— Baban mı, nereden gelmiş?

— Köyden.

— Ne olmuş geldiyse?

— Bizi lokantaya götürdü de.

— Eee?

— Yemekten sonra biraz beraber oturduk.

— Beraber oturdunuz ha.

— Evet.

Kenan'a dönüp sordu:

— Haydi bunlar babasını bekliyor diyelim, sen ne geziyordun orada?

— Hocam benim eniştem oluyor babaları.

— Nasıl enişten oluyor?

— Teyzemin kocası.

Arkasında sakladığı elini öne çıkardı. Yanından ayırmadığı kısa bir oklava şeklindeki o meşhur sopası yanındaydı. Sağ elinde tuttuğu sopayı yavaş yavaş sol elinin içine vururken bağırdı.

— Açın lan ellerinizi.

İşte bizi yerimize çivileyen en korkunç cümle buydu: "Açın lan ellerinizi..."

Üçümüz de kolumuzu kaldırmadan sağ elimizi kemerimizin yukarısına geçmeyecek avuç içimiz yukarı bakacak şekilde açtık.

— Sizden başka kimsenin anası babası yok mu lan, ha, başkasının köyü yok mu? Onlar niye beklemiyorlar babalarını? Uzatın lan kollarınızı.

— Ama hocam babam...

— Allah sizi beklerken siz babanızı mı beklediniz oğluuuum?

Bağırarak sopayı avucuma indirdi. Sonra Kenan'a ve ardından Kahraman'a vurdu. Çok korkmuştum. "Diğer elinizi de açın" diye bağırdı. Açtık. Sopayı kaldırdı ve öylece bekledi.

Ben ağlamamak için kendimi zor tutarken Kahraman daha fazla dayanamadı ve içini çeke çeke ağlamaya başladı. Kendi elimin acısını unutmuş, okumak için büyük bir hevesle okula gelen bu küçük çocuğun gördüğü şiddete kahrolmuştum. Keşke biraz büyük olsaydım, şu merhametsiz adama gücüm yetecek kadar büyük olsaydım da şu elindeki sopayı alıp kafasında kırsaydım.

— Ben şimdi ne yapayım sizi ha, oğlum cemaate niye katılmıyorsunuz, başına buyruk davranarak ne yapmak istiyorsunuz?

— Bir şey yapmak istemiyoruz hocam, eniştem geldi ve bizi yemeğe götürdü.

— Kes lan, bir de bahaneler uydurma.

Sustuk. Arkadaşlarımızın acıyan bakışları arasında eziliyor, yediğim dayağın verdiği utançla yerin dibine giriyor ve orada buharlaşıp yok olmak istiyordum.

— Haydi şimdi yıkılın karşımdan. Bu durum bir daha tekrar etmesin, bakın o zaman ne yapıyorum size.

Oradan nasıl ayrıldık, o gün öğleden sonra hangi dersleri işledik, hatırlamıyorum.

O günkü dayak olayından sonra namazdan, özellikle de cemaatle namazdan soğumaya başladım. Okuldan eve gelirken Kahraman bana ne dedi biliyor musun?

— Keşke ben okumak için bu okula gelmeseydim.

Hele o akşam yatmadan önce söyledikleri içimi yaktı:

— Senin elin daha acıyor mu?

— Hee. Ya senin elin?

— Benimki de çok acıyor, sızısı hâlâ geçmedi, bak avucumun içi kızarmış.

O sırada teyzemin sesi acılarımızı dindiren ilaç ve yaralarımızı saran merhem gibi geldi: "Haydi tatlım uyuyun artık." Yorganımın ucunu açtım, Kahraman'ı yanıma çağırdım, kendini o zalim öğretmenin karşısında sahipsiz ve kimsesiz hisseden kardeşime sevgiyle sarıldım.

— Ben okumak istemiyorum, ne olur köye gidelim.

— Ben de istemiyorum, okulu bırakacağım. On beş tatilde köye gittik mi bir daha gelmeyiz.

— İyi ki sen yanımdasın, ya sen de olmasaydın ben tek başıma ne yapardım?

Kardeşim içini çeke çeke uyudu ama ben uyumadım. Uyuyamadım ve küçücük aklımla düşünmeye devam ettim. Birçok soru evin üstünde dolaşıyor, bazıları içeri gelip yorganın altındaki kafamın yanına doluşuyor, başarabilenler beynime girip aklımı kurcalamaya devam ediyordu. "Bu nasıl bir iş yaa, senin cahil dediğin kadın bizi okutmak için babama yalvarıyor ve altı çocuğun hayatta başarılı olması için canını dişine takıp çalışıyor da, kendini okumuş bir aydın olarak gören sen bu kadının gözü gibi baktığı çocuklarını dövüyorsun. Bu kadının yüreğindeki muhteşem sevgiyle besleyip büyüttüğü, aman bir zarar görmesinler diye kendine ait her şeyden vazgeçtiği çiçeklerini, sen çirkin bakışlarınla eziyor, zehir gibi davranışlarınla solduruyor ve elindeki sopayla koparmaya kalkıyorsun. Sen çocuklara bağırıyor, çağırıyor ve hakaret ediyorsun ama o 'tatlım' diyerek senin açtığın yaraları iyileştiriyor. En acısı da ne biliyor musun? Sen bu kötülükleri yaparken maaş alıyorsun ama bu muhteşem kadın, çocuklarını senin kötülüklerinden korurken yoksulluk içinde kıvranıyor."

KARPUZU NASIL YERSİN?

Adil Hoca'yı tanıdıkça onun ne kadar iyi bir insan olduğunu ve bize gerçekten yardımcı olmak istediğini anladım. Teneffüslerde öğretmenler kendi odalarına gidip müstahdem Ali ağabeyin getirdiği çayları içerken o, bahçeye çıkıyor, aramıza karışıyor ve bizimle sohbet ediyordu. Konuşurken bizi azarlamıyor, kusurlarımızı aramıyor, bizi dinliyor ve arada bir şakalaşıyordu.

Bir gün bir arkadaşımızın gömleğinin ucunun pantolonun dışına çıktığını görmüş ve ona demiş ki, "Herhalde haberin yok, bak gömleğinin ucu dışarı çıkmış, onu pantolonun içine sokarsan daha yakışıklı görünürsün."

Biliyor musun o arkadaşım birkaç defa aynanın karşısına geçip ne kadar yakışıklı göründüğüne bakıp durdu ve gömleğinin ucunu bir daha pantolonunun dışına çıkarmadı.

Öğrencilere verdiği değer, gösterdiği ilgi ve sıcak yaklaşımı ile Adil Hoca evdeki sohbetlerimize de konuk oluyordu. Biz akşamları kendi aramızda onun neler yaptığından o kadar konuşuyorduk ki teyzem, Züleyha ve Hasan da kendisini tanımadan sevmeye başlamışlardı. Eve her gelişimizde teyzem sorardı:

— O hoca bugün neler yaptı?

— Hangi hoca?

— Adil Hoca, yeni şeyler söyledi mi?

— Söyledi.

— Ne duruyorsun anlatsana.

— Niye okuduğumuzu sordu.

— Sen ne dedin?

— Bir şey demedim, kimse bir şey diyemedi.

Sohbetimiz devam ederken Kenan'ın aklına bir fikir geldi:

— Haydi kendimize hedefler belirleyelim. Ne demişti Adil Hoca, gözü kapalı ok atarsan hiç bir hedefi vuramazsın ama kendine bir hedef belirleyip gözünü ona dikip atarsan isabet ettirme şansın yüksek olur.

— Eee ne yapacağız şimdi?

— Önce şu soruyu soralım, biz buraya niye geldik?

— Okumak için.

— Tamam okumak için geldik de, amacımız ne?

Her akşam, maç konuşmamıza, futbol tartışmamıza ve evin içinde misket yuvarlamamıza alışık olan teyzem, bizden hiç beklemediği bu konuşmaları duyunca kulak kabarttı. Yüz ifadesine bakılırsa bu durumdan çok da memnundu. Zaten daha fazla dayanamadı:

— Durun biraz, beni de bekleyin, size güzel bir çay demleyeyim, çaydanlığı ocağa koyup hemen geliyorum.

Züleyha, "Dur anne sen otur, ben çaydanlığı ocağa koyarım" deyince teyzem yerinden kalkmadı.

Kahraman, "Benim karnemde hiç zayıfım olmayacak" deyince gülümsedik. Züleyha ve Hasan sınıf birincisi olacaklarını söyleyince teyzemin ağzından kocaman bir, "Ha babam ha" lafı çıktı. Bir şeye inanmadı mı, bu tabiri kullanırdı. Kenan Takdirname alacağını söylediğinde teyzem ona bakıp, "Hadi bakalım" dedi. Onun Takdirname almasını hem çok istiyor hem de bunu başaracağına pek inanmıyordu.

Sıra bana geldi. Suna'yı düşündüm, daha ortaokul birinci sınıfta Takdirname almıştı. Dedem geldi aklıma. Ölmeden önce beni yanına çağırıp Kur'an'dan daha çok ayet ve sure ezberlememi isteyen dedem. Beni aşağılayan, benimle dalga geçen ve her fırsatta rencide etmeye çalışan Aynur geldi gözlerimin önüne. Sonra sözleriyle sana güveniyorum diyen, davranışlarıyla da bunu hissettiren Adil Hoca'yı düşünürken hedefimi söyledim:

— Ben de Takdirname alacağım.

En çok sevdiğimiz şeylerden biri futbolcu resimleri biriktirmekti. Gazeteler, takım posterleri verir, bakkalda satılan bazı yiyeceklerin ambalajlarının içinden ünlü sporcuların kartpostal şeklinde fotoğrafları çıkardı. Biz de onları alır, defterimizin yaprakları arasına yapıştırırdık. Sınıfta öğretmen ders anlatırken canımız sıkıldı mı o kart postallara bakar ve yorumlar yapardık. Gazetelerin arada bir verdiği siyah beyaz takım posterlerini duvara asmak en büyük zevklerimizden biriydi.

Hedef belirlemek için o akşam yaptığımız konuşmalardan sonraki günlerde dört dörtlük olmasa da derslere biraz daha çalışmaya başladık. Kenan'la bendeki bu kıpırdanmaları bazı öğretmenlerimiz de fark etti. Kadir Hoca dersinde, "Ne o lan, bir haller var sizde. Hayırdır oğlum, hangi dağın kurdu öldü de böyle çalışmaya başladınız? Bakalım ne kadar devam edeceksiniz, gözüm üzerinizde ona göre. En ufak bir yanlışınızı görürsem oyarım gözünüzü" diye konuşuyordu. Bizi takdir mi ediyordu, yoksa dalga mı geçiyordu bilemedim.

Adil Hoca'nın konuşması ise daha farklıydı:

— Aferin size, dersler için böyle gayret göstermenize çok memnun oldum. Anlamadığınız konularda size her zaman yardımcı olurum. Çinliler demiş ki, en uzun yolculuklar bile küçük bir adımla başlar. Ne kadar doğru değil mi? Şimdi ben de aranızdan herhangi bir arkadaşınıza bir soru sorayım.

Soru ve sormak kelimelerini duyunca ödümüz kopuyordu. Soruya muhatap olmak çok riskli bir durumdu. Neden mi? Cevabını bilemezsen hocaların çoğu kızıyor, rezil oluyorsun, milletin içinde küçük düşüyorsun, utanıyorsun. İnşallah bu sefer sıra bana gelmez, diye endişe içinde beklerken sessizliği Adil Hoca bozdu.

— Bekir.

— Buyurun hocam.

— Bir karpuzu nasıl yersin?

— Çatalla yerim hocam.

Bekir'in bu cevabıyla Özcan kahkaha attı. Arkasından Kenan derken tüm sınıf gülmeye başladı. Bekir bozuldu. Adil Hoca gülümseyerek yeniden sordu.

— Yani Bekir bir karpuzu yemek için hangi aşamalardan geçersin?

— Şimdi anladım hocam. Önce tarlaya karpuz çekirdeğini ekerim. Sonra...

Bekir daha sözünü tamamlamadan kahkahalar yeniden yükseldi. Adil Hoca kızmak yerine gülümseyerek, "Galiba ben soruyu eksik soruyorum" dedi ve ekledi:

— Önce pazara gidip parasını vererek karpuzu alırsın, sonra ortadan ikiye bölersin, daha sonra büyük dilimler halinde kesersin. En sonunda o dilimi de ağzına sığacak kadar küçük parçalara ayırıp yersin. Koca karpuzu ağzına sokmaya çalışmazsın. Bekir aslında en sondakini en başta söylediği için bize komik geldi.

Sözlerine ara verip gözlerini sınıfın üzerinde gezdirdikten sonra devam etti:

— Şimdi söyle bakayım Birol, bu karpuz örneğiyle ne demek istiyorum.

— Hocam şeyy, demek istediniz ki, eee, şeyy, aklıma bir şey gelmedi.

Heyecandan Birol'un dili tutuldu sanki. Adil Hoca gülümseyerek ona bakarken Kenan'a döndü:

— Sen söyleyebilir misin ne demek istediğimi?

— Hocam okul bir karpuz. Biz köyden Sivrihisar'a gelip ev tuttuk, para vererek defter ve kitap aldık, onları eve götürdük. Her akşam biraz çalışırsak, derslerimizde başarılı oluruz. Bir oturuşta derslerin hepsini birden kafamıza sokamayız.

Kenan'ın yüzüne hayretle baktım, ne kadar güzel anlatmıştı.

— Aferin Kenan, ben de tam olarak bunu anlatmak istemiştim, diyen Adil Hoca sordu:

— Senin numaran kaç?

"Senin numaran kaç?" sorusunun çok önemli bir anlamı vardı. Kenan, on iki derken gözleri parlıyordu. Adil Hoca sol elini ceketinin sağ iç cebine soktu, siyah kaplı not defterini çıkarıp masanın üzerine indirdi.

Ardından da sağ elini ceketinin sol iç cebine sokup yarısı altın sarısı, yarısı da bordo renkli olan mürekkepli dolma kalemini çıkarıp Kenan'a sözlü notu verdi. Milletin gözü Kenan'ın üzerindeydi, nasıl kasıldığını görmeliydin.

— Siz de çıktığınız bu eğitim yolculuğunda Çinlilerin dediği gibi güzel bir adım attınız. İnanıyorum ki yolun sonuna geldiğinizde yaptığınız küçük küçük çalışmaların sizi getirdiği büyük noktaya hayret edeceksiniz.

O akşam eve gelip sofrada bu konuyu konuşurken teyzemin dedikleri hepimizi güldürdü:

— Tabii biz cahiliz, sözümüz geçmiyor.

— Nasıl yani?

— Ben de aynı şeyi söyledim ama dinlemediniz.

— Ne dedin ki?

— Damlaya damlaya göl olur.

KARNEYİ ALDIM ŞOK

Şubat tatili yaklaşıyordu. Takdir almak istediğim için derslerime iyi çalışıyordum. Kenan'la Kahraman nerdeyse her gün top oynamaya gidiyorlar, ben evde kalıp ödevlerimi yapıyordum.

Sonunda karne günü geldi. Elinde karnelerle sınıfa giren Arapça hocamız Abdurrahman Bey'i görür görmez yerlerimize oturup sustuk. Son ders olduğu için ders işlenmiyordu. Öğretmen kendi masasında otururken karnelerimizi inceliyor, biz de sıralarımızda kendi aramızda sessizce sohbet ediyorduk. Dersin ortasına doğru öğretmenimiz karneleri eline alıp yerinden kalktı. "Evet çocuklar, şimdi dünyalık amel defterlerinizi alacaksınız" dedi ve adımızı listedeki sıraya göre okumaya başladı. "On iki" dediğinde Kenan yerinden kalktı. Öğretmen ona önce karneyi verdi, ardından da hayallerimizi süsleyen Teşekkür Belgesi'ni uzattı.

Kenan yerine otururken pek de sevinmişe benzemiyordu, Takdirname beklerken, Teşekkür Belgesi'yle yetinmek zorunda kalmıştı. İçimden, herhalde bu sefer onu geçtim, diye düşünürken biraz sevinçliydim. Öyle ya, o dışarıda top oynayıp eve girmezken, ben dersin başından kalkmıyordum, tabii ki Takdirname almak benim hakkım diye düşünürken numaramı duydum. "Yirmi bir, Alişan Kapaklıkaya." Karnemi almak, yanındaki Takdirname belgemi Kenan'ın oturduğu tarafına doğru uzatarak açmak ve onu biraz daha çatlatmak için yerimden kalktım.

Abdurrahman Bey, elinde tuttuğu karnemi inceledikten sonra, "Senin amel defterin bazı derslerde geçen seneden daha iyi ama benim dersimde değişen bir şey yok. Yine de zayıfın olmadığı için tebrik ederim" deyip bana uzattı. Ardından sıradaki numarayı okudu. "Yirmi iki, Yakup Efendioğlu." Benim hâlâ karşısında beklediğimi görünce sordu. "Ne bekliyorsun, yerine geçsene."

Ne mi bekliyordum, tabii ki Takdir belgemi. Görünüşe göre belge melge yoktu, bırak Takdirnameyi, Teşekkür Belgesi bile alamamıştım. Sanki şoka girmiştim. Yıkılmış bir durumda yerime geçerken kıpkırmızı oldum. Bu sefer hava atma sırası Kenan'daydı.

— Sana bir şey vermedi mi?

Sesimi çıkaramadım. Ne diyecektim ki, hakkımı yemişler mi diyecektim? Kenan beni teselli etmeye çalışıyordu:

— Belki bir yanlışlık olmuştur.

— Ne yanlışlığı, koskoca idare yanlışlık yapar mı?

Yaşadığım hayal kırıklığından, bazı arkadaşlarımın acıyan bakışlarından ve Kenan'ın iğneleyici laflarına olan sinirimden ağlamamak için kendimi zor tutuyordum. Öğretmen karneleri vermeye devam ediyordu. Listenin bitmesine üç kişi kala kapı çaldı, nöbetçi öğrenci içeri girdi ve elindeki belgeyi Abdurrahman Hoca'ya uzattı.

— Bu belgeyi müdür yardımcısının odasında bırakmışsınız hocam.

Kalp atışım hızlandı ve yerinden çıkacakmış gibi atmaya başladı. Nöbetçinin getirdiği belge kimindi acaba? Abdurrahman Hoca sakinliğini bozmadan diğerlerini okumaya devam ederken benden ter boşalıyordu. Son öğrenciye de karnesini verdikten sonra elindeki belgeye baktı.

— Eveeet bakalım bu kiminmiş.

İçimden o an bağırmak geldi. Be adam amma da uyuzsun ha, okuman yazman yok mu? Ne bakıp duruyorsun, söylesene adımı artık. Çatlıyorum burada, heyecandan kalbim duracak şimdi.

— Alişan Kapaklıkaya, bu da seninmiş. Nasıl olmuş da unutmuşum bunu?

Nasıl bir ohh çektiğimi görmeliydin. İşte sonunda Takdirname belgemi almıştım. Belgenin, öğretmenin elinde durduğu o yirmi saniyelik sürenin benim için ne kadar uzun olduğunu tahmin edebiliyor musun?

Yerime geçene kadar bakmadım belgeye, daha doğrusu heyecandan bakamadım. Yerime oturur oturmaz açtım. Aman Allah'ım o da ne? Takdirname değil, Teşekkür Belgesi yazıyordu. Gözlerime inanamadım. Bir yanlışlık olmalıydı. Hemen notlarımı hesapladım. Notların ortalaması yedi olunca Teşekkür Belgesi, 8,5 olunca Takdirname alınıyordu. Benim notların ortalaması 8,3'tü.

Karnemdeki notlara tek tek bir daha baktım. Din Bilgisi dersinin karşısında sekiz yerine altı yazıyordu.

İstiklal Marşı için toplandığımızda Kadir Hoca yanıma yaklaştı:

— Takdirname aldın mı?

— Alamadım.

— Neden acaba, çok umutluydun.

— Dersin birinin notu hak ettiğimden iki puan düşük geldi.

— Hangi dersmiş acaba?

Cevap vermedim, sadece yüzüne baktım, görmeyi hiç istemediğim yüzüne.

— Söylesene hangi ders?

— Din Bilgisi. Adaleti, hak yememeyi ve dürüstlüğü anlatan bu derste haksızlığa uğradım. Bana haksızlık yaptınız.

— Hayır haksızlık yapmadım, yazılılarda ne yazdıysan onu verdim. Sözlü notu verirken biraz kanaat kullandım.

Sustum. Bu zalim hocaya bunları nasıl hangi cesaretle söylediğime de hayret ettim.

Eve geldiğimizde teyzem karnelerimize tek tek baktı. Kahraman'ın bir dersi zayıftı. Züleyha'nın matematik iyi, diğerlerinin hepsi pekiyi idi. Hasan, sınıf birincisi olmuştu. Teyzemin gözlerinden akan sevinç gözyaşlarının ne anlama geldiğini, onun bizim için yaptıklarının ne kadar önemli olduğunu anlayabilecek yaşta mıydım sence?

Takdirname alma konusunda hayal kırıklığına uğrasam da köye Teşekkür Belgesi'yle dönüyordum. Köy minibüsüne bindiğimde bu sefer en arkalara değil, ortalara bir yere oturdum. Önceki yıl olduğu gibi millet karnemi sormasın diye koltukların arasında saklanmıyordum. Tam tersine biri sorduğunda, zayıfım yok, Teşekkür Belgesi bile aldım, diye yüksek sesle cevap veriyordum. Hatta bakmak isteyen olabilir diye karnemi elimde ve herkesin görebileceği bir şekilde önde tutuyordum.

Minibüs köye yaklaştığında uzaktan mezarlık göründü. Dedem geldi aklıma. İlkokulda Savaş Öğretmen'in attığı dayaklardan korkup kaçarken elimden tutup beni yeniden okula getiren dedem, amcam asık suratıyla içime korku salarken sevimli yüzüyle beni camiye alıştıran dedem. Babam bir gofret parası bulamadığı zamanlarda bana kremalı bisküvi hatta yanında bir de gazoz alan dedem, camide ilk defa ezan okuduğumda arkasına dönüp bana şefkatle bakan ve gözlerindeki pırıltıyla beni daha ileriye taşıyan dedem, Yasin suresini ezberleyip hasta yatağında okuduğum dedem ve bana hep dua eden dedem. Milletin cahil zannettiği ama benim ne büyük irfan sahibi olduğunu sonradan anladığım dedem, kendisi okuma yazma bilmediği halde benim okumam için hep arkamda duran dedem, Ali Osman dedem.

Pamuk ebemin yanına giderken içim buruktu. Sarıldık, ağlaştık. Kısa süren bir sessizlikten sonra anneannem dedi ki, "Kalk dedenin yerine otur, rahmetli sağ olsaydı zaten seni oraya, hemen yanına çağırırdı."

Okul, ikinci dönem de birinci dönemki gibi devam etti. Biz Kenan'la yine Teşekkür Belgesi aldık, Züleyha iyi olan matematik dersini pekiyi yaptı, Hasan sınıf birincisi oldu ve Kahraman zayıf dersini kurtarıp bütünlemeye kalmadan orta ikiye geçti. Bunların dışında dikkat çekecek farklı bir durum, yeni bir gelişme olmadı, değişen tek şey boyumdu. Evet, uzamaya başlamıştım.

Züleyha okumak istiyor ama eniştem onu okutmak istemiyordu. Çevresinde sofu olarak bilinen ve kendince takva sahibi bir dindar olarak yaşamaya çalışan eniştem bu zamanda kızların okumasını doğru bulmuyordu. Neymiş zaman kötüymüş, neymiş başına kötü bir şey gelirmiş, neymiş ortaokul neyse de lisede başını açmak zorunda kalırmış, saçının bir teli bile gözükmemeliymiş, neymiş kızların okuması caiz değilmiş, neymiş kızlar okurlarsa annelik görevini tam olarak yapamazlarmış...

İşin garibi, bizi okutmak için gece gündüz çabalayan teyzem, Züleyha'nın okuması konusunda eniştem gibi düşünüyordu:

— Anne ben ortaokula gideceğim değil mi?

— Bilmem ki kızım baban göndermek istemiyor.

— Bana ne, ben de okula gideceğim.

— Baban ne derse o olur.

— Sen söyle anne beni de göndersin.

— Desem de göndermez kızım, biliyorum babanın inadını.

— Ama anne yaa, offf.

— Sus kızım, laf edeceğine kalk da bulaşıklara yardım et.

ORTAOKUL ÜÇÜNCÜ SINIFA GEÇTİM

Yaz tatili demek, tatil yapmak veya dinlenmek demek değildi. Tatil demek, ders çalışmaya ara verip tarlada çalışmak demekti. Her sabah erkenden kalkıp okula gitmek yerine tarlaya gitmek demekti. Eline çantayı alıp kitapları okula götürmek değil, eline çıkını alıp öğle azığını tarlaya götürmek demekti. Kısaca tatil demek, ne işe yarayacağına pek akıl erdiremediğimiz derslerle boğuştuğumuz dokuz ay süren okul hayatından ayrılıp neden çalıştığımızı bildiğimiz üç ay sürecek olan hayat okuluna başlamaktı. Her kırk dakikada teneffüse çıktığımız okulda beynimiz yoruluyordu belki ama öğle yemeği hariç, teneffüse hiç çıkmadığımız tarlada bedenimiz bitkinleşirken kafamız yorulmuyor, aksine dinleniyordu.

İlkbaharda yağışlar çok olduğu için o yaz da tarlalar çok verim yaptı ve babam beklediğinin üzerinde ürün aldı. Aile yavaş yavaş fakirlikten çıkıyordu. Eniştemlerin ekini de iyi verim yapmıştı. Bunun sonucu önceki sene verdiğimizden otuz lira fazla vererek iki odası ve salonu olan bir ev tutmuşlardı. İsli çaydanlığın yerine yenisi alınmış, pencerenin bir ucundan öbür ucuna iple veya telle gerilen perdelerin yerine kornişlisi takılmış, bardak ve tabakların sayısı artmıştı.

Öyle ki, önceden eski gazeteyle ya da gübre torbasının sarı kâğıtlarıyla kapladığımız kitaplar artık yeni aldığımız cicili bicili kaplıklarla tanışmıştı. Bundan daha önemlisi, hepimizin ayakkabı, elbise ve gömlekleri yeni alınmıştı. Hele babamın bana söz verdiği takım elbiseyi diktirmesi harikaydı. Bundan daha iyisinin olabileceğini hayal bile edemezdik. Hepimiz çok mutluyduk. Birimiz hariç: Züleyha.

Köyde tek başına kalması mümkün olmadığından okula gitmeyecek olmasına rağmen o da gelmişti şehre, çünkü eniştem tarlaya veya koyun gütmeye gitse küçücük çocuk tek başına kiminle kalacaktı evde. Kendisi kalmak istese bile teyzem bırakmazdı çünkü korkudan ödü kopardı.

Okula ilk gittiğimiz gün Züleyha üzgündü, ikinci gün üzüntüsü daha da arttı. Üçüncü gün akşamüzeri okuldan döndüğümüzde daha fazla dayanamadı ve ağlamaya başladı:

— Ben de okula gitmek istiyorum.

— Sus be zırlayıp durma.

— Ya anne, babama söyle, beni ortaokula yazdırsın.

— Söylesem ne faydası olacak, sanki seni okula gönderecek.

— Madem okutmayacaktınız ilkokula niye yolladınız o zaman?

— Kötü mü oldu, okuma yazmayı öğrendin işte.

— Şimdi de gönderin, daha güzel şeyler öğrenirim.

— Nasıl güvenip de göndereyim?

— Niyeymiş?

— Ne bileyim kızları kaçırıp kötülük falan yaparlar.

— Ya ne kötülüğü, hep beraber gidip geliriz işte.

— Dur bakalım baban gelsin de belki seni camideki Kur'an kursuna göndeririz, hocaya gidersin.

— Ben hocaya mocaya gitmek istemiyorum.

Tartışmalar böyle devam edip gider, kavga boyutuna varmasa da gerginliğe neden olurdu. Teyzeme bir şey olmazdı ama arada bir Züleyha'nın gözyaşlarıyla noktalanırdı.

Sınıfta kalıp okulu bırakan öğrenciler olsa da nakil gelen öğrencilerle sınıf mevcudumuz değişmedi. Yeni gelenlerden biri Veysel amcamın oğlu Celil'di. Celil, Kahraman'la aynı yaştaydı. Onun okumasını isteyen amcam, Tahsin'in yurttayken sınıfta kalmasından korkmuş ve onu Eskişehir'de yaşayan halamın yanına götürmüştü.

Halam, kendini dini hayata adamış ve seccadenin üzerinden kalkmayan bir kadındı. Ağzından dua ve elinden tespih eksik olmazdı. Evden dışarı çıkmayı sevmediği için bir kere bile Celil'in okuluna gitmemiş ve onun ev dışındaki hayatından haberdar olmamıştı. Okumaya pek niyeti olmayan Celil de kendisine birkaç tembel arkadaş edinmiş ve onlara takılıp ders çalışmadığı için birinci dönem karnesine sekiz zayıf getirmiş, ikinci dönem bunların dördünü kurtarmış ve kalan derslerinden bütünlemeye kalmıştı. Bütünlemede de sınıfı zar zor geçmişti. İlkokulu köyde okuyan bir çocuğun ortaokulu Eskişehir'de okuması ona zor gelmiş olmalı ki amcam orta ikide onu Sivrihisar'a getirmişti. Celil, Kahraman'la aynı sınıfa düşmüştü.

Benim teşekkür aldığımı, Kahraman'ın da sınıfını zayıfsız bir şekilde geçtiğini gören amcam babama demiş ki, "Maşallah senin çocuklar ne güzel okuyorlar, bizimkinin adam olacağı yok, bari ben de onu İmam-Hatip'e vereyim. İnşallah senin çocuklara bakarak o da okur." Amcam, bu sene de başıboş kalmasın, disiplinli bir şekilde çalışsın diye, ev tutmak yerine onu pansiyona vermişti. Serbestliğe alışan eve istediği gibi girip çıkan Celil pansiyonun kurallarına uymakta başta zorluk yaşasa da zamanla alıştığını söylüyordu.

Bu yıl okula yeni başlayan öğrencilerden oluşan iki sınıf daha eklendiği için öğrenci sayısı yüz elliyi geçti.

Okullar açılalı iki hafta oldu. Cumartesi günü ikindi namazından sonra hep beraber Musa Hocalara oturmaya gittik. Bahçedeki ağacın altında çay içerken Musa Hoca, bir ara dışarıya çıkıp tekrar içeri giren Züleyha'yı sordu.

— Benim kardeşim hocam.

— Öyle mi Kenan, ondan haberim yoktu. Maşallah. Okula gidiyor mu peki?

— Hayır gitmiyor.

— Neden?

— Babam onu, kız çocuğu diye ortaokula göndermek istemiyor.

— Nasıl olsa ev tutmuşsunuz, hepiniz buraya gelmişsiniz. Hepiniz okurken bir tek o mu fazla, yoksa başka bir sebebi mi var?

— Abdest namaz öğrensin, Kur'an okusun yeter, diyor babam.

— Tamam onlar gerekli de okusa iyi olur. Babanla bir de ben konuşayım, burada mı kendisi?

— Köyde hocam.

— Yaz tatilinde okula uğramıştım. Müdür bey, İmam-Hatip'e kızlar da alınsın diye bakanlığa başvurmuş. Demek daha cevap gelmedi. Neyse dua edelim, hayırlısı neyse o olsun inşallah.

Pazartesi günü okula gittik. Müdür bey İstiklal Marşı'nın söylenmesinden sonra dedi ki, çocuklar size güzel bir haberim var. Yaz tatilinde okulumuza kızların da alınması için Milli Eğitim Bakanlığı'na başvurmuştuk, beklediğimiz yazı sonunda geldi. Artık okula kızlar da gelebilecek. Bu hem kızlarını okutmak isteyen ve ortaokula göndermeyen veliler için iyi bir haber, hem de sizin için. Neden derseniz, kızlar gelince artık kılık kıyafete biraz daha dikkat edersiniz.

Daha iki gün önce Hüseyinlerin evde konuştuğumuz bu konuyla ilgili böyle bir haber almak beni çok şaşırttı. Aklıma hemen Züleyha geldi. Bu güzel haberi ona müjdelemeliydim. Öğle arasında eve geldiğimizde sofrayı kuruyordu. Züleyha, on iki yaşında bir çocuk olmasına rağmen evi çekip çeviriyor ve bir anne gibi bize bakıyordu. İyi kötü yemek yapıyor, ortalığı topluyor, evi süpürüyor, çamaşır yıkıyor ve sobayı yakıyordu. Teyzem arada bir köye gittiğinde evin tüm sorumluluğu ona kalıyordu.

— Züleyha.

— Efendim.

— Müjdemi isterim.

— Müjde mi?

— Evet.

— Neymiş?

— Bil bakalım ne?

— Babam mı geldi?

— Bilemedin.

— Annem Kenan'a bisiklet mi aldı?

— Hayır, yine bilemedin.

— Ya söylesene, çatlatma insanı.

— Bizim okula kızlar da gelebilecek.

Durdu, duyduklarına inanmıyor gibi bana baktı, elindeki sofra bezini yere bıraktı ve ardından kulakları sağır edecek kadar yüksek bir sevinç çığlığı attı.

— Şaka yapmıyorsun değil mi?

— Hayır ya ne şakası, bu sabah müdür tüm okula söyledi bu haberi.

— Ya inanamıyorum, çok sevindim. Bana verdiğin bu müjdeyi ve bu günü hiç unutmayacağım.

Bir hafta içinde ortaokul birinci sınıfa on iki kız öğrenci kaydoldu. Altı tanesi 6-A sınıfında, diğer altısı da 6-B sınıfındaydı. Daha önce hafızlığa gitmiş, Kur'an öğrenmiş veya birazcık Arapça bilenlerin arasından birkaç öğrenci de 7-B sınıfına yazılmıştı. Okulda Abdurrahman Hoca'mızın dışındaki herkes bu durumdan memnundu. Sonradan duyduğuma göre beş vakit camiden çıkmayan hacı amcalardan da kızların İmam-Hatip'te okumasını doğru bulmayanlar varmış. "Kızların okula gitmesi doğru mu yahu, kız erkek bir arada, aynı sınıfta okuması caiz olur mu? Araya şeytan girer, bu İmam-Hatip'in yeni müdüründe iş yok, ne yapmaya çalışıyor bilmiyorum. Bu gidişle çocuklarımızın terbiyesi bozulacak, bazılarında ar hayâ diye bir şey kalmayacak" diye söyleniyorlarmış.

KADİR HOCA ODASINA ÇAĞIRDI

Benim yedinci sınıfta hem birinci, hem de ikinci dönem Teşekkür almam çevrede dikkat çekmiş hatta bazılarını çok şaşırtmıştı. Şaşkınlık yaşayanların başında kimin geldiğini tahmin edebildin mi? Dur ben söyleyeyim: Aynur.

— Yahu nasıl olur, senin gibi bir kafasız nasıl teşekkür alabilir, aklım almıyor.

— Sende akıl var mı ki alsın?

— Var bunda bir şey ama bilmiyorum.

— Ne olacak, çalışıp emeğimin hakkıyla aldım.

— Ya bana bak, bir şey soracağım ama doğru söyle.

— Sana yalan borcum mu var?

— Yoksa baban torpil falan mı yaptırıyor?

— Torpil mi, oha.

— Bir ara gördüm, baban sepetle yumurta, çuvalla patates soğan, helkeyle yoğurt götürüyordu.

— Eee, ne var bunda?

— Kime gidiyordu onlar, doğru söyle yoksa öğretmenlere mi?

— Ya sen var ya, geri zekâlısın, aptalsın, iftiracının tekisin. Kendin okumuyorsun diye fesatlık yapıyorsun.

— Haydi haydi, doğru söyle nereye gitti o yağlar, peynirler, yumurtalar.

— O kalın kafan almaz ama ben yine de söyleyeyim.

— Ya ben senin bu kadar başarılı olamayacağını taa ilkokuldan beri biliyorum.

Başarılı olacağımı beklemeyenlerden biri de Kadir Hoca'ydı. Bir gün beni odasına çağırdı. Elinde, her zaman cebinde taşıdığı ve herkes görsün diye adını özellikle cebinin dışında bıraktığı gazetesi vardı. Masasının üzerinde de zaman zaman sınıfa getirip bize okuduğu dergi bulunuyordu.

— Gel Alişancığım.

Şaşırdım. Bana ilk defa böyle hitap ediyordu.

— Gel gel, çekinme arkadaşım, otur şöyle.

Gazetesini bıraktı ve gözlerini gözlerime dikerek konuşmasına devam etti:

— Kendime çok kızıyorum, çok. Neden diye sorarsan, bu okulda senin gibi kıymetli bir cevherin varlığını fark edemediğim için.

Şaşkınlığımdan ve utancımdan gözlerimi kaçırdım ve ayaklarımın ucuna bakmaya başladım.

— Seninle açık konuşacağım. Ülkemizdeki siyasi çalkantıların farkında mısın bilmiyorum. Anarşi almış başını gidiyor. Memleketin senin gibi akıllı, zeki ve gözü açık dava adamlarına çok ihtiyacı var.

Ne demek ve ne yapmak istediğini anlamaya çalışıyordum. O çocuk yaşımda içimden gelen bir ses beni kendi tarafına çekmek istediğini, bunun için de bana şirin görünmeye çalıştığını söylüyordu.

— Geçen sene seninle iyi geçindiğimiz söylenemez çünkü ben senin bu kadar değerli bir çocuk olduğunu bilememişim. O yüzden kusura bakma. Bundan sonra seninle daha iyi anlaşacağız. Bak hangi konuda olursa olsun bir ihtiyacın olursa hiç çekinmeden yanıma gel.

Ağzımı açmadan ve hiç tepki vermeden başım önde dinliyordum.

— Seni buraya, bugünden itibaren her zaman arkanda olduğumu söylemek için çağırdım. Şimdi gidebilirsin.

Yerimden kalktım ve odasından gitmek için kapıya yöneldim. Tam çıkmak üzereyken yeniden seslendi:

— Bu konuştuklarım aramızda kalsın olur mu? Kimseye söylemezsen sevinirim.

O kadar şaşırmış ve bu durumdan sıkılmıştım ki bir şey demeden ve arkama bile bakmadan çıkıp gittim. Onunla konuştuklarımı uzun süre kimseye anlatmadım.

Kadir Hoca'nın odasına çağırmasından sonra kendime bakışım biraz değişti. Daha doğrusu kendime güvenim ve cesaretim arttı. Pısırıklığımı, içe kapanıklığımı ve korkaklığımı yenmeye başlamıştım. Köydeki pısırıklığımı ve içe kapanıklığımı sanki kafamın içinde taşıyıp şehre getirmiştim. Korkaklığım da teyzemin eseriydi.

Bizi okutmak için köydeki evini, barkını, kocasını, tarlasını ve bahçesini bırakıp gelecek kadar büyük fedakârlıklar yapan teyzem, iyilik olsun diye söyledikleriyle bize nasıl zarar verdiğinin farkında değildi. Ondan en çok duyduğum nasihatler kendime olan güvensizliğimi pekiştirmiş ve beni silik biri haline getirmişti. "Aman kimseye bulaşmayın, etliye sütlüye karışmayın, başınıza bela almayın, bir kavga görürseniz arkanızı dönüp oradan uzaklaşın, uslu durun, aman bizi komşulara rezil etmeyin, okuldan eve, evden okula gidip gelin, şehir çocuklarına uymayın, sakın öğretmenlerle zıtlaşmayın, onlar ne derse 'evet' deyin, kızlara bakmayın."

Bu cümlelerle beslenen beynim nasıl düşünürdü ve beynimin emrinde olan bedenim nasıl davranır, neler yapardı sence?

Ben de öyle yaptım işte.

DERS ÇALIŞMAK SUÇ MU?

Ortaokul son sınıfa geçince futbol bize daha cazip gelmeye başladı. Ben, Kenan ve Kahraman tuttuğumuz takımları büyük bir dikkatle takip ediyor, radyodan naklen yayınlanan maçlarını kaçırmıyorduk. Hatta yatağa radyoyla giriyor, sesini kısıp onu kulağımıza yaklaştırıyor, gece yarısına doğru yayınlanan spor programlarını başımıza çektiğimiz yorganın altında dinliyorduk. Neden mi? Okula gitmek için sabah erken kalkacağımızdan akşam erken uyumamız gerekiyordu. Radyoda spor programı varken uykumuz gelmiyordu ki.

Bunun yanında gazetelerdeki maç, gol, atak ve penaltı pozisyonlarını gösteren resimleri kesip biriktirmeye devam ediyorduk. Futbol konusunda o kadar uzmanlaşmıştık ki, tuttuğumuz takım kaç gol attı, kaç gol yedi, kaçıncı dakikada attı, kaçıncı dakikada yedi, hangi futbolcu attı, kafayla mı yoksa ayakla mı attı, ayakla attıysa hangi ayağıyla attı gibi soruların cevabını su gibi bilirdik.

Teyzem bu duruma çok kızar, bunlarla uğraşacağımıza ders çalışmamızı isterdi. "Futbol karın doyurmaz, siz onlar için ölüyorsunuz ama onların sizden haberi bile yok. Hani hangi futbolcu gelip yiyeceğiniz, içeceğiniz ve yakacağınız var mı diye soruyor?" gibi cümleleri teyzemden en çok duyduğumuz sözlerdi.

Kenan'la Kahraman teyzemin dırdırından kurtulmak için kendini sokağa atıp top oynamaya giderlerdi. Bense evde oturup defterimi açardım. Teyzem bana, "Sen onlara uyma, ikisi de tembel, maç diye ölecekler. Şu Fenerbahçe'den Beşiktaş'tan ne anlıyorlar bilmiyorum. Aferin sana, sen çalışmaya devam et" deyip beni çalışkanım diye göklere çıkarırdı. Defterin sayfaları arasına yapıştırdığım takımların puan durumunu incelediğimden haberi bile yoktu. Onlar futbol konuştukları için teyzemden azar işitiyorlar, ben konuşmayıp defterden baktığım için göklere çıkarılıyordum.

Teyzem bizi bunaltmakla kalmayıp kendini de sıkıntıya sokuyordu. Bazen sobanın üstündeki demir maşayı kapıp çocuklarını dövüyor, bazen de sinirinden ağlıyordu.

Bir gün bize hiçbir şey söylemeden sen kalk okula git ve Kenan'la Kahraman'ı müdür yardımcısına şikâyet et. Nöbetçi öğrenci sınıfa gelip müdür yardımcısının bizi çağırdığını söyleyince endişeli bir şekilde kalkıp gittik. Kahraman'ı da orada görünce çok şaşırdım.

— Niye çalışmıyorsunuz lan zibidiler?

— Kim, biz mi?

— Yok köyün imamına soruyorum. Anlamıyormuş gibi yapmayın oğlum, tabii ki siz.

— Çalışıyoruz hocam.

— Çalışıyorsunuz da biz niye görmüyoruz?

— Göremezsiniz ki, çünkü biz evde çalışıyoruz.

— Evdekiler niye görmüyor o zaman?

Bu son cümleyi duyar duymaz anlamıştım teyzemin okula bizi şikâyet etmek için geldiğini. Kadir Hoca, Kenan'la Kahraman'ı iyice bir fırçaladı, dövmekle tehdit etti, nutuklar attı. Teyzem benim derslere çalıştığımı söylemiş olmalı ki bana, "Sen de biraz daha çalış" demekle yetindi. Odasından çıktığımızda Kenan bana diş biliyordu. Öfkeyle bağırdı:

— Bunlar hep senin yüzünden oluyor.

— Nedenmiş o?

— Ders diye öleceksin, sen de bizimle beraber dışarı çıksan, maça gelsen annem bana bu kadar kızmayacak.

— Ders çalışmak suç mu yaa? Bana ne bağırıyorsun? Kör müsün sen de otur çalış.

— Suç değil, ama sen de akşama kadar inek gibi çalışmayı bıraksan, arada bize takılsan, misket oynasan?

İnsan ders çalıştığı için ayıplanır ve kendini suçlu hisseder mi sence?

Ben hissettim.

Kenan hırsından ve sinirinden tırnaklarını kemiriyor ve burnundan soluyordu. Biraz sakinleştikten sonra derse girdik.

Ah benim saf kalpli teyzem, ah benim yeryüzüne yanlışlıkla inmiş meleğim, ah benim hayatımı inşa eden mimarım. O kadar duru ve o kadar masum bir annesin ki, kuzularını kurtarsın diye götürüp bir kurda teslim ettiğinin farkında olmayacak kadar iyi niyetlisin.

İçeri girdiğimizde Abdurrahman Hoca yine gramer anlatıyordu. Kenan başını bana doğru hafifçe eğip fısıltı halinde bir sesle sordu:

— Al sana ders, şimdi bu gördüğümüz konuların bize ne faydası olacak?

— Doğrusunu istersen ben de merak ediyorum bu gereksiz konuları neden öğrendiğimizi.

— Senin de ne yaptığın belli değil Alişan.

— Nasıl yani?

— Hem bu derslerin gereksiz olduğuna inanırsın, hem de başından kalkmazsın.

Kenan doğru söylüyordu. Ne işe yarayacağını bilmediğim derslere niye bu kadar çok çalışıyordum ki? Parmak kaldırıp Abdurrahman Hoca'ya sordum:

— Hocam biz Arapça dersini niye öğreniyoruz?

— Nerden çıktı bu soru şimdi?

— Bir yerden çıkmadı, içimden geldi.

— Kur'an'ı daha iyi anlamak için.

— Arapça öğrenmezsek Kur'an'ı anlayamaz mıyız?

— Nasıl anlayacağız?

O zamana kadar sessiz duran Bekir birdenbire sinirli bir şekilde ayağa kalktı:

— Yahu Alişan sen bu sorularınla ne yapmaya çalışıyorsun?

— Bir şey yapmaya çalışmıyorum, merak ettiğim konuları öğrenmek istiyorum.

— Yani aşkolsun sana.

— Neden?

— Şu koca sınıfta, bu kadar arkadaşımızın arasında bu konuları kimse düşünmüyor da bir tek sen mi merak ediyorsun?

— Ben sadece aklıma gelenleri soruyorum.

— Ya üç senedir buradayız ben senin sorularından bıktım, kafam karışıyor. Sen düzenimizi bozmaya mı geldin arkadaş? Öğretmeni dinle, sınıfını geç git, ortalığı niye bulandırıyorsun?

Bekir, ilkokuldan sonra Kur'an kursuna gitmiş ve üç yıl çalıştıktan sonra hafız olmuştu. Yeni bir şey öğrenmektense kendinden istenileni yapmayı daha çok severdi. Düşünmekten hiç hoşlanmazdı. Bu yüzden hiç sevmediği ve anlamadığı derslerin başında matematik gelirdi.

— Ben, matematik dersinde öğretmene, matematiği niçin öğrendiğimizi soruyor muyum?

— Sahi merak ediyor musun matematiği neden öğrendiğimizi?

— Evet.

— O zaman sorsana, neden sormuyorsun?

Bu sorum karşısında durdu ve biraz düşündü.

— Bunu sorarsam hocaya ayıp olmaz mı?

— Yoo, niye olsun ki?

— Hoca ne diyecek, "Benim elimde değil, devlet bu dersi müfredata koymuş ben de anlatıyorum" diyecek.

— Sen nereden biliyorsun öyle diyeceğini?

— Ya ne bileyim, ayıp olmaz mı?

— Olmaz olmaz sen sor.

Bekir'le didişeceğiz diye öğretmene sorduğum soru da güme gitti.

ASLA VAZGEÇMEDİM

Şehirde yaşayan bazı çocukların bisikleti vardı. Köyde dört tekerlekli at arabasına binen ben, şehirdeki çocukların iki tekerlekli bir bisikletin üzerinde nasıl olup da düşmeden gittiğine hayret ederdim.

Adını bilmediğimiz, lakabıyla bisikletçi olarak tanıdığımız bir adam vardı. Bu bisikletçinin yaklaşık on tane bisikleti vardı. Onları cumartesi ve pazar günleri futbol sahasının yanına getirir ve çocuklara elli kuruş karşılığında bir tur attırırdı. Bilmeyenlere de üç liraya bisiklet sürmesini öğretirdi.

Bir cumartesi biz de heveslendik. Ben, Kenan, Kahraman ve Hasan bisikletçinin oraya gittik. Hasan'ın boyu kısa olduğu için büyük bisiklete binemiyor, binmeye kalkışsa bile ayakları pedala yetmiyordu. Bu yüzden o, üç tekerlekli bisiklete binmeyi tercih ediyordu.

Kenan bisiklet sürmeyi biliyordu ama ben bilmiyordum. Bisikletçiye üç lira verdim, beni oturttu kendisi de yanımda dikilip direksiyondan tuttu. "Önüne bakma, ne olursa olsun karşıya bak, karşıya bakarak pedal çevirirsen daha kolay dengede kalırsın" dedi.

"Anladım" dedim ve tek başıma denemek istediğimi söyledim. Kenan bir bisiklete bindi, ben de başka bir bisiklete bindim. Bisikletçi Kenan'ı önden gönderirken, "Bak bakalım, arkadaşın nasıl sürüyorsa sen de öyle sür" dedi. Kenan giderken onu seyrettim. O biraz uzaklaştıktan sonra ben de bindim ve pedal çevirmeye başladım. Dengemi sağladıktan sonra adam yanımdan çekildi. Aman Allah'ım, tek başıma gidebiliyordum ve bu çok heyecan vericiydi.

Kenan, turun bittiği yere kadar gidip geri döndüğünde ben daha yolun yarısındaydım. O bana doğru gelirken, ben de ona doğru gidiyordum. Birbirimize yaklaşırken bir baktım ki üzerime doğru geliyor. "Öte git" dedim. Aynısını o da bana söyledi. "Ya gelmesene çarpışacağız" dedim. O da bana bağırıyordu, "Ya niye üstüme geliyorsun?" Birbirimize iyice yaklaştık, ben gözlerimi karşıya dikmek yerine önüme bakarken, çaaat, diye bir ses duyuldu. Çarpışmıştık.

Hem de nasıl biliyor musun? Tekerlekler birbirine değecek şekilde. Birimiz sağa, birimiz sola yuvarlandık. Kalkıp üzerimizi çırparken, bir de baktım ki ne göreyim? Benim bindiğim bisikletin tekeri patlamış.

Allah'tan bisikletçi patlayan tekere yama yaparak tamir etti ve bizden fazla para istemedi.

Düştüm, dizlerim ve dirseklerim yaralandı ama ben vazgeçmedim, kalkıp yeniden denedim.

Kenan'ın bisiklete karşı büyük bir hevesi vardı. İki yıldır çok istemesine ve zaman zaman yalvarmasına rağmen teyzem ona bisiklet almadı, daha doğrusu alamadı. Çünkü bisiklet almaya yetecek para yoktu.

Yılbaşı yaklaşırken Kenan o güne kadar hiç yapmadığımız bir şey yaptı. Biriktirdiği harçlıklarla bir piyango bileti aldı. Kendisine para çıkacağına o kadar inanmıştı ki yaklaşık on beş gün o bilete çıkacak parayla ne yapacağının hayalini kurdu. Bazı akşamlar bu piyango muhabbetine biz de katılırdık. Bir süre sonra konuşmalar öyle bir duruma gelirdi ki hepimiz Kenan'dan ne istediğimizi söylerdik. Kenan, alacağı bisikletin şeklini, rengini, süslerine varıncaya kadar anlatırdı. Ardından teyzem başlardı. "Benim güzel oğlum önce evi düşünür değil mi? Bir çuval şeker, iki kilo çay, yirmi kiloluk bir teneke ayçiçeği yağı, bir kuzine soba. Bisikleti de aldıktan sonra kalan parayı getirip annesine teslim eder."

Kenan artık evin reisi olmuştu. Onun karşısında hiçbirimizin gıkı çıkmıyordu. Teyzem ona kızıp bir şey söylemeye kalksa, Kenan başlardı. "Parayı eve getirmeyeceğim, önce gidip kendime bisiklet alacağım, kalan parayı da sana değil, babama vereceğim."

Yılbaşı akşamı televizyonları olan Şükran teyzelere gittik. Ertesi sabah, Kenan koşup bir gazete aldı. Numaraların yayınlandığı sayfayı açtık ama nasıl bakıldığını bilmiyorduk ki. Şükran teyzenin kızı Nermin abla, "Getirin, ben bakmayı biliyorum" dedi.

Nefeslerimizi tuttuk. Önce büyük ikramiye numarasına baktı, "Yok çıkmamış" dedi. Arkasından yarım biletlere, orda da yok. Çeyrek ikramiyeye bakarken hiçbirimizden çıt çıkmıyordu. Küçülen ikramiyelere sırayla bakarken bir çığlık attı. "İşte burada, yirmi bin lira çıkmış, haydi gözünüz aydın."

O gün pazardı, dolayısıyla ikramiyeyi alabilmek için pazartesi gününü beklemek gerekiyordu. O gece sabah olmayı bilmedi. Sürekli konuşuyor ve hayallerimizi değiştiriyorduk. Herkesin ortak olan bir hayali vardı: Eve televizyon almak.

Sabah olduğunda Kenan'la ikimiz bilet bayiine koştuk. Adam bileti aldı, gözlüklerini taktı, listeyi inceledi ve kafasını kaldırıp bir kelime söyledi: "Çıkmamış."

Ona göre sıradan olan bu kelime, bizim için büyük bir hayal kırıklığı olmuştu.

Meğerse Nermin abla bilete yanlış bakmış.

Kenan bir hafta kendine gelemedi.

BİZİ ZEHİRLEYEN ÖĞRETMEN

Ortaokul üçüncü sınıfa geçtiğimizde okula yeni bir matematik öğretmeni geldi. İlk dersteki tanışma faslından sonra seviyemizin ne durumda olduğunu öğrenmek için birkaç soru sordu. Sorduklarının birkaçını bilsek de büyük çoğunluğuna cevap veremedik. Tayfun Bey, sorduğu sorulara cevap alamayınca bize hayretle bakıyordu.

Sonunda dayanamayıp sordu:

— Yavrum siz geçen yıllarda matematik görmediniz mi?

— Gördük hocam.

— Gördünüz de sorulara neden cevap veremiyorsunuz?

— ...

— Oğlum öğretmeniniz konuları anlatmadı mı?

— Anlattı hocam.

— E hani nerde, hiçbir şeyden haberiniz yok?

— Unutmuşuz hocam.

— Bunlar çok temel bilgiler, nasıl unutursunuz?

— Öğretmenlerimiz iyi anlatsaydı unutmazdık.

Tayfun Hoca bu son cümleyi söyleyen Bekir'e inanmayan bir yüz ifadesiyle baktı. Yanına yaklaşıp sordu:

— Demek önceki öğretmenleriniz iyi anlatmıyordu, öyle mi?

— Evet hocam.

— Peki sorulara doğru cevap veren birkaç arkadaşınız nereden öğrendiler?

Bekir sustu ve usulca sırasına oturdu. Hafızlıktan başka bir dünyası olmayan, etrafta neler olup bittiğini merak etmeyen, öğretmenlerin ders anlatmasından çabucak sıkılan Bekir, yeni gelen öğretmenlere yaranmak amacıyla şirin görünen sahte maskeler takar, yalan söyler ve onların gözüne girmek için her türlü ikiyüzlülüğü yapardı. Onun bir tek amacı vardı. Okulu bitirip diplomasını eline aldıktan sonra imam olmak, teravih namazını hatimle kıldırmak ve camide sürekli Kur'an ve mevlit okumak. Sesi güzel olduğu için gözlerini kapayıp ilahiler söylemekten çok hoşlanırdı.

Yaşı da bizden büyük olduğu için sıkılır, tahtaya kalkmaya çekinir ve derslerde bolca oflayıp puflardı.

Yeni matematik öğretmeni Tayfun Bey'in gözüne girmek için ilk hamlesini, önceki öğretmenleri kötüleyerek yapmıştı.

Bazı arkadaşlarımda da yeni gelen öğretmenlere, "Sizden önce derslerimizin çoğu boş geçtiği için temelimiz yok" demek gibi bir alışkanlık vardı. Öğretmenler elimizden tutup bizi ileriye taşımaya çalıştıkça, bazıları sanki geriye gitmek için çabalıyorlar, bazıları da ileriye gitmemek için direnç gösteriyorlardı. Tayfun Bey sınıftaki bu durumu fark edince, "Anlaşılan temelden başlayacağız" dedi.

Tayfun Hoca da, Adil Hoca gibi kendini kısa sürede sınıfa sevdirdi. Ondaki gayreti, öğretmenliğe olan adanmışlığı ve bize bir şeyler öğretme çabasını gördükçe ben de kendimi ilk zamanlar çalışmak mecburiyetinde hissediyordum. Aradan bir süre geçip de matematiği anlamaya başlayınca onun beklediğinden daha fazla çalışmaya başladım ve bizim sınıfta matematikten ilk defa tam puan aldım. Yani on.

Ekim ayının sonuna doğru Tayfun Hoca, okulda akşamları ücretsiz olarak matematik dersi vereceğini, isteyenlerin ailelerinden izin alarak bu kursa katılabileceğini söyledi. Önce çok şaşırdık, çünkü daha önce ne bizim okulda, ne da başka bir okulda öğretmenlerin akşamları çocuklara ders verdiğini duymuştuk. Teyzeme söylediğimde, o da bu duruma önce kuşkuyla yaklaştı ve "Komşulara bir soralım" dedi.

Akşam kursunun başlayacağı tarihe kadar yedinci ve sekizinci sınıflardan toplam on altı kişi kayıt yaptırdı. Benimle beraber Kenan ve Kahraman da katılıyordu. İkinci haftadan itibaren akşam kursuna gelenlerin matematik dersindeki başarısı belirgin bir şekilde artmaya başladı. Tayfun Hoca birinci yazılıların sonucunu açıklarken akşam derslerine katılanların notlarının daha yüksek olduğunu söyledi. Bunu duyan öğrencilerden bazıları daha kursa devam etmeye başladı ve sayımız yirmi oldu.

Akşam kursuna gelen öğrencilerin notlarının gelmeyenlere göre yüksek olması dikkatimi çekti. Hem gündüz, hem de akşam anlatılan konu aynı olduğuna göre neden akşam dersine katılanların notları yüksek oluyordu? Herkesin yorumu farklıydı. Bazıları öğretmenin akşama gelenlere fazla not verdiğini, bazıları akşam derslerine katılanların daha zeki olduğunu, bazıları hem gündüz, hem akşam katılanların konuları iki kere dinlediği için daha iyi anladığını söylüyordu. Kadir Hoca'nın bir köşede beni, kimse duymasın diye uyararak yaptığı yorum ise en farklı olanıydı:

— Bak Alişan, sen zeki biri olmasan sana söylemem, bana ne der geçerim. Oğlum dikkat et o adamın derdi matematik falan değil.

— Matematik değil mi?

— Değil.

— Başka ne olabilir ki?

— Kursuna katılanlara niye o kadar fazla not verdiğini zannediyorsun?

— Bence herkese hakkını veriyor, kimseye fazla not vermiyor.

— O sinsi adam sizi kendi tarafına çekmek ve kendi görüşlerini kabul ettirmek için size böyle şirin davranmaya çalışıyor.

— Ama hocam, Tayfun Bey matematikten başka bir şey anlatmıyor ki.

— Onun ne kadar sinsi olduğunu ve sizi zehirlemeye çalıştığını bilsen, kursuna katılmazsın. Hatta yanına bile yaklaşmazsın.

— Zehirlemek mi, nasıl yani?

— Sen şimdi küçük olduğun için bazı şeyleri anlayamazsın. Aklını daha fazla karıştırmayayım. O yüzden beni dinle ve matematikçiye fazla yaklaşma.

Kadir Hoca'yı dinleyince kafam karıştı. Küçücük aklım kocaman soruların cevaplarıyla uğraşmaya başlamıştı. Bizden para bile istemeden ders veren Tayfun Bey bizi hangi gizli görüşlere çekmeye çalışıyordu, bizi nasıl zehirliyordu, gerçekten bizi kandırmak için mi fazla not veriyordu?

Bir derste daha fazla dayanamayıp sordum:

— Hocam sizin kursa katılanlar neden daha fazla not alıyorlar?

— Dersleri daha iyi anlıyorlar, o yüzden.

— Ama siz dersleri gündüz de anlatıyorsunuz, niye herkes anlamıyor?

Tayfun Hoca durdu, yanıma yaklaştı yüzünü süsleyen gülümseyişi ile bana baktı, sonra da gözlerini tüm sınıfın üzerinde gezdirerek şefkatli bir ses tonuyla sordu:

— Sizin tarlanız var değil mi?

— Evet var.

— Tarlaya ne ekiyorsunuz?

— Arpa, buğday, yulaf, pancar.

— İyi ürün alıyor musunuz?

— Evet, hele yağmur çok yağdı mı daha çok alıyoruz.

— Peki Alişan, yağmur şu asfaltın üzerine yağsa ona bir faydası olur mu?

— Olmaz.

— Toprak, daha çok verim yapmak için suya ihtiyaç duyar. Yağmur yağdığında tüm suyu içine çeker ve daha fazla verim yapar. Aynı yağmur asfalta da yağar, ama içine işlemez. Hatta asfaltın üzerine yağan yağmur sıçrayarak veya akarak kendisini bekleyen toprağa doğru gider. İşte yavrum bazı öğrenciler asfalt gibidir, bazıları da toprak gibi.

Tayfun Hoca'nın hiç kızmadan sabırla verdiği bu cevaptan sonra çok iyi anlamıştım kursa katılanların notlarının neden yüksek olduğunu. Anlamadığım şey şuydu: Tayfun Hoca'nın anlattıklarının bizi nasıl zehirlediği...

Neyse biraz daha büyüyünce anlarım herhalde.

Tayfun Hoca derdi ki, Beden Eğitimi dersi vücudunuzu geliştirir, Matematik dersi de aklınızı. Ben matematik dersini sevip anlamaya başladıktan sonra diğer derslerdeki başarım da arttı. "Bu defa Takdirname Belgesi kesin gelir" diyordum. Hem kendi kendime, hem de arkadaşlarıma.

LİSE KAVŞAĞI

İkinci dönem başladığında içimizde garip bir heyecan vardı. Ortaokuldan sonra liseye devam etmeyecek arkadaşlarla beraber geçireceğimiz son döneme başlıyorduk. İlk günlerde öğretmenler ders işlemeye hemen başlamazdı, dersler daha çok sohbet havasında geçerdi. Hocaları tanıdıkça bazılarını daha çok seviyor ve onlara biraz daha yaklaşıyordum. Bazılarında ise tam tersi bir durum oluyordu. Bazı öğretmenlerimizle olan iletişimimiz güçlenirken bazılarıyla zayıflıyordu. Biz de büyüyorduk, artık on beş yaşına gelmiştik. Bekir ve Necip ortaokul üçüncü sınıfta askerlik çağına gelmişlerdi.

Tayfun Hoca matematik kursunu yeniden yapmak istediğini söyleyince çok sevindim. Birinci dönem katılanların yirmi olan sayısı bazı öğrencilerin kurstan vazgeçmesine rağmen bu dönem yirmi sekize çıktı.

Hocamızın dersi çok güzel anlatması diğer okullarda da duyuldu. Atatürk Ortaokulu'ndan beş ve Cumhuriyet Ortaokulu'ndan altı kişi daha katıldı.

Kadir Hoca bir gün öğle arasında hatıra fotoğrafı çektirmek için bizi topladı. Yaklaşık otuz kişiydik. En öndekiler yere çöktü, kısa boylular onların arkasına geçti, en arkaya da uzun boylular dikildi. Kadir Hoca grubun ortasına gelip bir kolunu havaya kaldırarak yaptığı hareketi bizim de yapmamızı istedi. Fotoğraf için yanımda dikilen Hüseyin bana dürterek ve ceketimin ucundan çekerek fotoğraf karesinde olmamızı engelledi. Ne olup bittiğini anlamamıştım ama Hüseyin'e güvendiğim için Kadir Hoca'nın sert ve dik bakışlarına rağmen oradan ayrılmıştım. Hüseyin'e ne olduğunu sordum, bu hocanın siyasi propaganda yaptığını ve sembolünü bize de yaptırmaya çalıştığını söyleyince ne kadar saf olduğumu bir kez daha anladım. Hem Hüseyin gibi bir arkadaşım olduğu için hem de o an yanımda olduğu ve beni uyardığı için çok sevindim.

İyisiyle kötüsüyle üç yıldır sıralarında oturup masalarında dirsek çürüttüğümüz ortaokulun bitme zamanı yaklaşıyordu. Notlar idareye teslim edildikten sonra hocalarımız, ders işlemekten daha çok bize rehberlik yapmak amacıyla deneyimlerini paylaşıyorlardı.

Kadir Hoca'nın dersindeydik.

— Söyleyin bakalım çocuklar, ortaokul bittikten sonra ne yapmayı düşünüyorsunuz?

Arkadaşlarımızın çoğu, eğer açılırsa İmam-Hatip Lisesi'ne devam edeceklerini söylediler. Bazıları liseye devam etmeyeceklerini, bazıları meslek lisesinin sınavlarına gireceklerini belirttiler. Üç arkadaşımız ise bu okulun sıkıcı olduğunu ve aileleri gönderirse Eskişehir'de okumak istediklerini söylediler.

Kadir Hoca duydukları karşısında birdenbire sinirlendi ve sesini yükselterek konuşmaya başladı:

— Bu sizin yaptığınız nankörlüktür.

— Neden hocam?

— Biz canımızı dişimize takıp çalışalım, okulun eksikliklerini tamamlamak için çabalayalım, sizin için elimizden geleni yapmak için uğraşalım ve siz de bu okulu sıkıcı bulup başka okula gidin öyle mi? Yazıklar olsun size. Hata bizde, demek ki biz üzerimize düşeni hakkıyla yapamamışız ki böyle bir sonuç doğmuş.

Onun sınıfa böyle sertçe çıkışmasından sonra kimse bir daha ne düşündüğünü söylemedi. O kendi kendine konuştu, öğütler verdi, nutuklar attı. Biz ise uslu uslu dinledik daha doğrusu içimizden yükselen isyanın sesini kısarak dinliyor gibi yaptık.

Aynı konu Adil Hoca'nın dersinde de konuşuldu:

— Arkadaşlar ortaokul bitiyor. Burada olduğum süre içerisinde gördüm ki siz bugüne kadar elinizden gelenin en iyisini yaptınız. Ben sizlerden çok memnunum.

— Biz de sizi çok seviyoruz hocam.

— Sağ olun, bana gösterdiğiniz saygıyı ve dersime olan ilginizi hiç unutmayacağım. İletişimimizin okul bittikten sonra da devam etmesini isterim. Size çok alışmıştım.

— Biz de size alıştık hocam.

— Seneye ne yapmak istiyorsunuz, bir planınız ya da düşündüğünüz bir okul var mı?

— Ne yapacağımı, hangi lisede neler öğreneceğimi bilmediğimden daha bir karar veremedim.

— Biliyorsunuz ortaokuldan sonra çeşitli liselere gitme imkânınız var.

— Hocam hangi liseye gidince ne göreceğiz, orayı bitirdikten sonra ne oluyor, bunları bilmiyoruz ki.

— Kısaca bilgi vereyim isterseniz. Eğer bir sanat öğrenip o alanda becerilerinizi geliştirmek ve bir an önce iş hayatına atılmak istiyorsanız meslek liselerinin sınavlarına başvurun. Üniversite kazanmak ve bir fakülteden mezun olmak isterseniz düz liselere gitmenizi öneririm, çünkü orada daha çok bilgiye dayalı dersler göreceksiniz.

Adil Hoca'yla pek anlaşamayan ve onun söylediklerine inanmayan Bekir, soğuk bir ses tonuyla sordu:

— Peki Kur'an'ı ezberlemek, dinimizi daha iyi öğrenmek ve inancımızı kuvvetlendirmek için ne tavsiye edersiniz hocam?

— Öyle bir niyetiniz varsa buradan ayrılmanıza gerek yok, büyük ihtimalle okullar başlamadan önce İmam-Hatip Lisesi açılacak, buraya devam edersiniz.

Dersten sonra Bekir, Adil Hoca'nın bizi bu okuldan uzaklaştırmak için gizli propaganda yaptığını söyleyince, "Amma da atıyorsun haa, ne alaka? Adam ne güzel faydalı bilgiler veriyor, yahu Bekir ağabey sen hocayı ne niyetle dinliyorsun Allah aşkına?" diye tepki gösterdim.

Hocaları dinleyip yeni bilgiler edindikçe kafam daha çok karışıyordu. Ben şimdi ne yapacağım, seneye hangi okula gideceğim? Aynur'un şerrinden kaçmak, ya da onun aşağılamalarından kurtulmak, başarılı olup ona gününü göstermek için şehre gelmiştim ama bundan sonra ne yapacağımı bilmiyordum. Bütünlemeye kalmadan sınıflarımı geçtim, Teşekkür Belgesi aldım ve Aynur'a gününü gösterdim. Peki, şimdi ne olacak?

Son durağının neresi olacağını bilmeden çıktığım hayat yolculuğunda ortaokul durağındaki konaklama süresini tamamlamış ve bundan sonra gideceğimiz farklı yolları gösteren bir kavşağa gelmiştim. Hangi yolu seçeceğimi, hangi yöne, hangi amaçla gideceğimi bilmeden şaşkın bir şekilde kavşağın tam ortasında duruyordum. Sanki Sivrihisar'ın önünden geçen dörtyoldaydım. Sivrihisar'dan yola çıktığında karşına çıkan kavşaktan sağa dönersen Eskişehir'e, sola dönersen Ankara'ya gidersin. Bir tarafa sapmadan devam edersen İzmir'e gidersin.

Ortaokuldan sonra ne yapacağıma karar vermeye çalışırken Suna geldi aklıma. O ne de olsa büyük bir şehirde okuyordu. Oturup kendisine mektup yazdım.

Çok Sevgili Canım Arkadaşım Suna,

Nasılsın, iyi misin? İyi olmanı yüce Allah'tan dilerim. Sen de beni soracak olursan şükürler olsun ki çok iyiyim. Seninle görüşmeyeli çok oldu. Senden haber alamadığım bu uzun sürede bil ki her zaman aklımdasın. Hemen hemen her gün seni düşünüyorum. Ne zaman bir öğretmenle konuşsam hemen aklıma düşüyorsun ve hayalin gözlerimin önünden gitmiyor. Şu geçen üç senede birçok öğretmen tanıdım. Sana bir şey diyeyim mi? Melek Öğretmen'imizin yerini tutacak hiçbir öğretmen görmedim. İyiler var mı var, kötüler var mı, onlar da var. Kötülerin hiçbiri Savaş Öğretmen kadar kötü değil, iyilerin hiçbiri de Melek Öğretmen kadar iyi değil.

Sevgili Sunacığım, bu mektubu sana bir şey danışmak için yazıyorum. Sen de biliyorsun ikimiz de ortaokulu bitiriyoruz. Şimdi ne yapacağım hangi liseye gideceğim, buna bir türlü karar veremedim. Sen kararını verdin mi, hangi liseye gideceksin?

Bu durumu öğretmenlere sorayım dedim ve sordum. Her birisi farklı şeyler söyleyince kafam iyice karıştı. Sosyal Bilgiler hocamız hangi yolun hangi liseye gittiğini ayrıntılarıyla anlatırken Din Bilgisi hocamız sanki kulağımdan tutup beni kendi yoluna doğru sürüklemek istiyor. Matematik hocamız hangi yola gideceğimi özgürce seçmemi, karar verirken kimsenin etkisinde kalmamamı önerirken Arapça hocamız şeytanın her yerde hazır beklediğini, gideceğim yollardan birinde her an karşıma çıkabileceğini, bu yüzden beni maneviyatımdan uzaklaştırmadan cennete kestirmeden götürecek bir yol seçmek için çok dikkatli olmamı söyledi. Çok güldüm biliyor musun? Sanki cennete gideceğim de bana sırat köprüsünden nasıl geçeceğimi tarif ediyordu.

Gerçi düşününce ona hak veriyorum. Çünkü benim iyiliğimi düşünüyor, başarılı ve mutlu olmamı istiyor.

Bu konuda sen ne düşünüyorsun, ne yapacaksın, hangi liseye gideceksin? Annenle baban, ya da öğretmenlerin neler söylüyorlar? Bunların cevabını bana en kısa zamanda yazarsan çok memnun olurum.

Mektubunu köye gönder olur mu? Çünkü haftaya tatil oluyor ya göçü toplayıp köye gideceğiz.

Yazın köye gelecek misin? Gelmeni çok isterim. Eğer geleceksen mektubunu postaya vermeden kendin de getirebilirsin.

Satırlarıma burada son verirken başarılı ve mutlu olmanı hepimizi yaratan Allah'tan diliyorum.

Seni çok özleyen arkadaşın Alişan.

RÜYA MI GÖRDÜM NE?

Ve karne günü geldi. Birkaç arkadaşımız "Oh bee bugün şu dayakçı hocalardan kurtuluyorum ya şükürler olsun" diye sevinirken arkadaşlarımızın çoğunda dışarıdan bakınca hemen fark edilen bir hüzün hâkimdi. Karnelerin dağıtılacağı saati beklerken kendi aramızda sohbet ediyor, bu okulda geçirdiğimiz üç yıl boyunca birlikte yaşadığımız hatıraları paylaşıyorduk. Derslere pek katılmayan, teneffüse çıkmayıp çoğu zaman sınıfta oturan ve okula kendi halinde sessizce gidip gelen Yunus, alışık olmadığımız bir şekilde konuşmaya başladı.

— Ben okulun bittiğine çok üzülüyorum. Burası benim evim gibiydi, sizler de benim kardeşim gibisiniz. Annemle babamın olmadığını hepiniz biliyorsunuz. Köyde dedemle ebemin yanında kalıyorum. Onlar beni okutmak için getirip pansiyona verdiler. Hani son dersten çıktıktan sonra siz akşam eve giderdiniz ya ben kimsesizliğimle baş başa kalırdım. Pansiyonda akşamları yorganı başıma çekip sessizce ağladığım çok olmuştur.

Yunus bunları anlatırken kendi yaşadıklarım geldi gözümün önüne. Yunus gözleri dolu dolu devam etti.

— Bir akşam Kadir Hoca nöbetçiydi. Etüt saatinde başımı sıradaki kitabın üstüne koyup dalmışım. Dikkatimi çalıştığım konuya verememişim. Yanıma gelip çalıştığım konuda ne öğrendiğimi sordu. Cevap veremedim. Kulağımı çekerken "Lan geri zekâlı sıpa, ben senin için burada bekliyorum, sen nereye dalıp gidiyorsun? Sevdalı mısın nesin? Ana kuzusu musun, bırak git lan, okulu bırakıp dön annenin babanın yanına" diye azarladı. Kitabımı alıp yatakhaneye gittim. Yorganı başıma çekip, canım annem benim şu anda mezardan çıkıp gelsen, beni de alıp yanına götürsen" diye ağladım.

Yunus konuşurken çok duygulandık, kalpsiz zannettiğim bir arkadaşımın gözünden yaşlar süzülüyordu.

— Ben okulun bitmesini istemiyorum, burada çoğu öğretmenimiz bana sahip çıktı, sizler beni kardeş gibi sevdiniz. Bir akşam yine etütteydik. Babamı özlemişim ve dalıp gitmişim. O akşam nöbetçi olan Adil Hoca gelip yanıma oturdu. Ben acaba çalışmadığım için kızar mı diye düşünürken hatırımı sordu. "Gördüğüm kadarıyla seni üzen bir derdin var, anlatmak ister misin?"

dedi. Ben de anlattım. Elini omzuma koydu, öyle hoşuma gitti ki anlatamam. Hele elini başıma koyup saçlarımı okşaması var ya baba şefkati gibiydi. Ben Adil Hoca'yı sevdiğim gibi dersini de sevdim ve yazılılardan hep on aldım. Şimdi köye gideceğim ya çok özleyeceğim burayı. Burada gördüğüm sevgiyi akrabalarımdan da görsem keşke.

Müstahdem Ali ağabey eline aldığı zili bayrak direğinin dibinde çalınca sınıflara girdik. Karneleri elinde sınıfa gelen bu defa Adil Hoca'ydı. Karnemi verirken yüzüme gülümseyerek baktığını gördüm:

— Seni kutlarım Alişan, notların çok güzel. Kendine yakışanı yaparak sana olan güvenimi boşa çıkarmadın. Çalışkanlığın ve iyi ahlakınla arkadaşlarına örnek oldun. Hep böyle devam et yavrum, dedi ve arkasından üç yıldır hasretini çektiğim Takdirname Belgesi'ni uzattı.

Havalara uçtum. Sonunda başarmıştım. Bir öğrencinin ulaşabileceği en yüksek noktaya ulaşmış ve Takdirname Belgesi'ni almıştım. Şimdi bunu götürüp Aynur'un gözüne sokmalıydım. Karnemi ve Takdirname Belgemi görünce ne yapacağını merak ettim. Bakalım bu sefer de bana laf sokuşturabilecek miydi? Gerçi o manyak kızın ne yapacağı hiç belli olmazdı.

Üç yıl önce eteklerinde dolaştığım bir dağın zirvelerindeydim sanki. Ortaokul birinci sınıftayken iki zayıfımı kurtarmayı başarılı olmak zannediyordum. Zayıfları kurtarınca Teşekkür Belgesi almak, onu alınca da

Takdirname almak bana göre zirveye ulaşmak gibiydi. Şimdi ben bu zirveye ulaştım ya aklıma bir soru takıldı. "Acaba bundan başka zirveler de var mıydı?"

Arkadaşlarımızla ve öğretmenlerimizle vedalaştıktan sonra diplomalarımızı daha sonra almak, evimize ve köyümüze gitmek üzere dağıldık. Eve geldiğimizde teyzem bizi kapıda bekliyordu. Başarılarımıza öyle alıştı ki, önceden "Kaç zayıfınız var?" diye soran teyzem şimdi "Takdirname getirdiniz değil mi?" diye soruyordu. Hepimizin karnesine tek tek baktı. Geçen yıllarda karnelere bakarken yüzünü kaplayan endişenin yerini şimdi dünyalar tatlısı bir tebessüm almıştı. Öyle mutluydu ki sanki gözleri birer yıldız gibi parlıyordu.

Öğleden sonra Kahraman'la beraber köy otobüslerinin bulunduğu garaja gittik. Saat üçe beş kala minibüse bindik. Ben cam kenarında oturuyordum, Kahraman koridor tarafında. Minibüs köy garajından hareket etti ve Eskişehir otobüsünün gelip yolcularını indireceği yerde durdu. Şoförün dediğine göre otobüste bizim köylülerden biri varmış, onu bekleyecekmişiz. On dakika sonra otobüs geldi, her zamanki yerine durdu ve kapıları açıldı. Ben o sırada dalmışım. Annemi, babamı, hangi liseye gideceğimi, teyzemin üç yıl boyunca bize bir anne gibi nasıl baktığını düşünüyorum.

Burada yaşadığım olaylar bir bir gözümün önünden geçerken birdenbire gelen otobüsün ön kapısına odaklandım. Rüya görüyorum galiba, dedim kendi kendime. Hayır, rüya değildi. Kapıdan indi, arkasından da annesi yaşlarında bir kadın. Kadının elinden tutup otobüsün yüksek basamağından inmesine yardımcı olduktan sonra muavinin açtığı bagaja doğru yürüdü. Eliyle muavine bir sepet ve bir çanta gösterdi. Sepeti yanındaki kadına verdi, kendisi de çantayı aldı. Yolun karşısına geçmek için bizim minibüsün olduğu tarafa doğru yürümeye başladılar. Ben cama yüzümü dayamış ve iki elimi de yapıştırmış olarak ona bakıyordum.

Evet, bu o cici kızdı. Hani 29 Ekim Cumhuriyet Bayramı'nda gördüğüm ve hiç unutamadığım cici kız. Güler yüzü, atkuyruğu yaptığı saçları ve özellikle de gamzeleriyle gelip kalbimin bir köşesine yerleşmiş ve benim onu oradan bir daha çıkarmak istemediğim o cici kız. İçe kapanıklığımdan, pasifliğimden ve utangaçlığımdan dolayı hiç kimseye anlatamadığım, soramadığım ve bir daha hiç göremediğim hatta adını bile bilmediğim o tatlı kız işte buradaydı ve bana birkaç metre mesafede yürüyordu.

Bizim minibüsün yanından geçerken kalbim duracak zannettim. Bizim minibüs hareket ettiğinde o da yolun karşısına geçiyordu. Daha önceleri bedenim Sivrihisar'da yaşarken, annemi, ebemi, kardeşlerimi özleyen kalbimin bir köşesi sessizce uçup köye giderdi. Şimdi ise minibüs bedenimi köye taşırken kalbimin bir başka kösesi Sivrihisar'da kalmak için direniyordu.

Ve ben paramparça oluyordum, anlıyor musun paramparça.

Ne yapacaktım ben şimdi yaaa...

BU KİTABIN SONU DİĞER KİTABIN BAŞLANGICIDIR

Hatırlıyor musun bu kitabın ilk sayfasında önce gözlerine dokunmak sonra da yüreğine misafir olmak istemiştim. Buraya kadar geldiğine göre misafirliğimi kabul etmişsin. Kitabın başında dedim ki, Sen Yanımda Ol Yeter.

Çıktığım hayat yolculuğunda sen de benimle beraber yürüdün, verdiğim başarı mücadelesinde sen de benimle birlikte çaba gösterdin. Kadir Hoca beni döverken sen de ona öfkelendin, Adil Hoca beni desteklerken sen de onu takdir ettin, annem oyunumu bozarken sen de ona kızdın, o cici kızdan bahsederken sen de içinde sevginin tatlılığını hissettin, pes etmek üzereyken sen de bana destek oldun ve ben yeniden ayağa kalkarken sen de elimden tuttun...

Kısaca ortaokulda yaşadığım üç yılı sen de benimle beraber yaşadın.

Beni kalbine misafir ettiğin, yanımda olduğun ve zamanını benimle paylaştığın için yüreğimin yettiği kadar tüm gücümle teşekkür ediyorum.

İçimde seninle ilgili nasıl bir duygu var biliyor musun? Birlikte yaşadığımız bu serüveni o kadar çok sevdin ki sanki ayrılmak istemiyorsun ve bu yolculuğun devam etmesini istiyorsun...

İlkokulda başlayıp ortaokulda sürdürdüğümüz yol arkadaşlığımızı lisede de devam ettirelim mi, ne dersin? Buraya kadar nasıl duygu dolu bir kalple, heyecanlı ve meraklı gözlerle okuduysan, aynısını hatta daha fazlasını lise yıllarımı anlatırken de yaşayacaksın ve sıkılmadan üniversite sınavlarına doğru devam edeceksin.

Bu kitap biterken belki de içinde kalan ve aklını kurcalayan bazı sorular olmuştur.

ACABA

Şuna bana mektup yazdı mı, ya da yazın köye geldi mi?

Ben hangi liseye devam ettim?

O cici kızı bir daha gördüm mü?

Gülcan teyzemde mi kaldık, yoksa ayrı bir ev mi tuttuk?

Lise hayatım nasıl geçti?

Lisede de şiddet gördüm mü, dayak yedim mi?

Başka tökezlemelerim, yıkılmışlıklarım, vazgeçmelerim var mı?

Hayatımın en önemli dönüm noktası hangi olay oldu?

Belki de senin aklına daha başka sorular gelmiştir.

Haydi, şimdi biraz mola verelim. Sen kendi hayat yolculuğunu gözden geçirirken ben de yeni kitabımı yazmaya devam edeyim.

Biliyorum ki senin de yaşadığın çok ilginç, sıra dışı, üzücü, sevinçli ve harika durumlar vardır. Sen de yaşadıklarını benimle paylaşmak istersen her zaman yazabilirsin.

Bir dahaki buluşmamıza kadar sevgiyle kal.

Facebook: akapaklikaya

Instagram: akapaklikaya

Twitter: akapaklikaya

E mail: alisanim@yahoo.com

www.alisankapaklikaya.com

www.sevgiokyanusu.com

BU ÇOCUK VAR YA...

Şimdi senin buraya kadar ortaokul hayatını okuduğun bu çocuk var ya, o kim biliyor musun? Kitabı okurken belki sen de o çocuğun başarı mücadelesinde yanında oldun, ona eşlik ettin. Belki onunla ağladın, onunla güldün ve onunla sevindin. Onun ilkokulda neler yaşadığını da merak ediyor musun?

Sana birazcık bahsetmemi ister misin?

O çocuk var ya…

Büyük bir merak ve hevesle başladığı ilkokulda adını sorduğu öğretmeni tarafından tahtada dövülüp aşağılandı.

Yatağa işediği için komşu kızlarının "sidikli" diye dalga geçmeleri karşısında ezilip büzüldü.

Hasta olan annesini alıp götüren minibüsü köyün dışına çıkıp annemi getirecek diye akşama kadar bekledi. Minibüs geldikten ve herkes indikten sonra annesini göremeyince ağlayarak eve döndü.

Dua ezberlemedi diye camide kafası ısırılan bir arkadaşını gördü.

Ödevini yapmadığı için ceza olarak bodruma kapatılan, orada unutulup gidilen ve korkudan bayıldığı için kulağının fare tarafından yenildiğini ayılınca anlayan bir çocukla arkadaşlık etti.

Annesiyle babası kavga ederken kapının arkasında korkudan titreyerek bekledi.

Parası olmadığı için yumurtayla üç beş gofret alırım ümidiyle tavuğun kıçını saatlerce heyecanla bekledi.

Ödevini yapmadı diye öğretmeni tarafından dövülünce sınıfın önünde korkudan altına kaçıran bir kızın gözyaşlarını gördü.

Ve sınıftan ayrılırken donundan akan çiş damla damla dökülüp iz bıraktığında utanıp yerin dibine giren o kızla yol arkadaşlığı yapmak üzere sözleşti.

Babasının daha yeni aldığı pantolonu giymek için dört gün yalvaran ve o pantolonu giydirmek için beşinci gün yanına gittiği altı yaşındaki kardeşinin ölüsünü öptü.

Yeni doğan yedi tane köpek yavrusunun büyükler tarafından suya atılışına engel olmak için çaresizce çırpındı.

Babasının oyuncak alacak parası olmadığı için kendine çamurdan oyuncaklar yaptı.

Allah'ı merak edip onun hakkında sorular sorduğunda, imamdan aldığı "Eğer inanmayıp şüphe edersen Allah seni cehenneme atıp fokur fokur kaynayan kazanlarda yakar" cevabıyla Allah'tan soğumaya başladı.

Koyunlarla kuzular birbirine doğru koşarken annesi ölen bir kuzunun ortada kalıp sahipsizlikten içli içli melemelerini dinledi.

Babasının pantolon almaya parası yetmedi diye çiçekli basmadan dikilen kız donu giydiği için dalga geçildi.

Okulu çok sevdiği halde, her gün dayak atan öğretmeninden korkup okuldan sürekli olarak kaçmak için planlar yaptı.

Camide namaz kılarken gürültü ettiği için üst kattan aşağıya atılan bir çocuğun gözyaşlarını sildi.

Suya düşen bir karıncaya çöp uzatıp onu sudan çıkardı.

Bacağı kırıldığı için uçamayan bir kuşu avuçlarına alıp yarasını sardı.

Tiyatro oynadığı için annesi tarafından burnundan kan gelinceye kadar dövüldü.

Yaşadığı tüm olumsuzluklara rağmen okumaya karar verdi ve çıktığı hayat yolculuğunda engellerle boğuşurken çok defa yıkılıp düştü. Ama pes etmedi ve yeniden ayağa kalkıp yürümeye devam etti.

Başarılı olup kendi geleceğini oluşturmak için köyünden çıkmak isterken geleneklerin ördüğü kalın duvarlara çarptı.

Yaşadığı olumsuz durumlardan kurtulmak için kendisini heyecanlandıran ve kalbini tutuşturan hedefler belirledi.

Uykularını kaçıran ve ulaşmak için karşılaştığı tüm engelleri aşacağına söz vererek hayaller kurdu.

Kurduğu hayallere koşarken, el âlem tanrısının kendisini hapsetmek için çevresine ördüğü kalın duvarlara kafasını tosladı.

Göz kamaştırıcı başarılara imza atmak üzere yola çıkan o çocuğu bir sayfalık yazıyla anlatamam sana. Eğer onun tüm yaşadıklarını merak ediyorsan "Yüreğime Dokunan Eller" kitabını okumaya ne dersin?

İçindekiler

Julian Hellmann

Soweit das Rad uns trägt

Mit dem Tandem von Europa nach Asien